Contents

Let's Enjoy!

- ソウルエリアガイド……6
- ソウルの旅、どんなことする？……8
- ソウル2泊3日モデルコース……10
- 基本フレーズ……14
- 愛されフレーズ……18
- 街で目にする看板ハングル……20

🍴 EAT

- EAT基本フレーズ……24
- 焼き肉完全シミュレーション……26
- 焼き肉メニューカタログ……29
- タッカルビ完全シミュレーション……30
- 鶏肉料理メニューカタログ……33
- 麺&スープ完全シミュレーション……36
- キンパ完全シミュレーション……38
- 麺&スープ&ご飯メニューカタログ……40
- 鍋料理完全シミュレーション……42
- 鍋料理メニューカタログ……45
- 韓定食完全シミュレーション……46
- 韓定食メニューカタログ……49
- お酒完全シミュレーション……50
- お酒メニューカタログ……52
- メニューの読み方……54
- テイクアウト屋台 完全シミュレーション……58

- イートイン屋台 完全シミュレーション……60
- 屋台メニューカタログ……62
- ファストフード 完全シミュレーション……64
- 韓国お食事処あれこれ……66
- 伝統茶完全シミュレーション……68
- 伝統茶メニューカタログ……70
- カフェでピンス 完全シミュレーション……72
- カフェメニューカタログ……76

✨ BEAUTY

- BEAUTY基本フレーズ……80
- アカスリ（汗蒸幕施設） 完全シミュレーション……82
- チムジルバン 完全シミュレーション……84
- 汗蒸幕施設&チムジルバン メニューカタログ……86
- エステ&マッサージ 完全シミュレーション……90
- エステ&マッサージ メニューカタログ……94
- 部位別お悩み解消フレーズ……96
- ネイルサロン 完全シミュレーション……98

🛒 SHOPPING

- ショッピング
  共通シミュレーション ‥‥102
- SHOPPING基本フレーズ ‥‥104
- **コスメショップ**
  完全シミュレーション ‥‥106
- 厳選コスメブランド10 ‥‥108
- コスメラベルの読み方 ‥‥110
- 化粧品の名前 ‥‥112
- **東大門ファッションビル**
  完全シミュレーション ‥‥114
- **オーダーメイド**
  完全シミュレーション ‥‥118
- ファッションアイテムカタログ‥‥122
- **伝統雑貨**完全シミュレーション ‥‥126
- 雑貨カタログ ‥‥128
- **デパ地下**完全シミュレーション ‥‥130
- 食みやげカタログ ‥‥132

✈ TRAVEL

- **ホテル**完全シミュレーション ‥‥162
- ホテルの部屋単語 ‥‥167
- **入国**完全シミュレーション ‥‥168
- **出国**完全シミュレーション ‥‥170
- **機内**完全シミュレーション ‥‥172
- **空港鉄道**完全シミュレーション ‥‥174
- **空港リムジンバス**
  完全シミュレーション ‥‥176
- **地下鉄**完全シミュレーション ‥‥178
- **タクシー**完全シミュレーション ‥‥180
- 韓国タクシーあるあるフレーズ ‥‥183
- **両替所**完全シミュレーション ‥‥186
- ATMの使い方 ‥‥187
- **郵便局**完全シミュレーション ‥‥188
- **Wi-Fiレンタル**
  完全シミュレーション ‥‥190

📷 TOURISM

- 観光スポット共通シミュレーション ‥‥138
- **写真撮影**必勝フレーズ ‥‥140
- **ソウル見どころ**
  必勝フレーズ ‥‥142
- 韓国の略語・流行語 ‥‥146

韓国語講座
- ハングルの作りを知ろう ‥‥192
- 数字・固有数詞・曜日 ‥‥194
- 季節・月・時間 ‥‥196
- 日→韓単語帳 ‥‥198

読めば快晴 ハレ旅Study
- 食べ方のマナー ‥‥34
- コリアン美人 ‥‥88
- 韓国の1年 ‥‥134
- 韓国の伝統に触れる ‥‥144
- タクシーを乗りこなそう ‥‥184

ハレときどきタビ
- 目上の人には敬語を使おう ‥‥22
- 「ごちそうさま」に注意 ‥‥78
- タクシーは少しのミスが命取り ‥‥100
- 「ケンチャナヨ」はあいまい？ ‥‥136
- 「お兄さん」は魔法の言葉!? ‥‥160

🎵 PLAY K-POP

- **コンサート**完全シミュレーション ‥‥148
- **コンサート掛け声**必勝フレーズ ‥‥152
- その他のPLAYスポット ‥‥153
- アイドル追っかけ韓国語 ‥‥154
- **妄想恋愛**完全シミュレーション ‥‥156

本書の使い方

Point!
シチュエーションごとに完全シミュレーション！

「焼肉」「エステ」「韓国コスメを買う」など、韓国旅行の中で遭遇するさまざまなシチュエーションごとに会話を掲載。入店から退店までの流れを1見開きで予習＆実践できます。

Point!
予備知識もバッチリ

各テーマの「何？」をしっかり解説。あらかじめ知っておけば会話も旅もスムーズに。

Point!
自分の意思が伝わる

左側は自分が発するセリフになっています。カタカナの読みを発音してもよし、指さしてお店の人に見せることもできます。

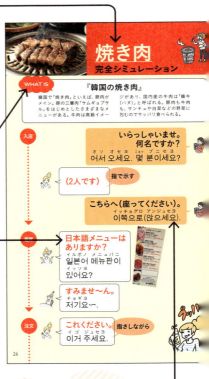

韓国語の発音について

韓国語では、濁音と半濁音の区別が明確ではありません（例：「보」は「ボ」とも「ポ」とも読むことがあります）。本書では、実際の会話において発音しやすくてネイティブにも通じやすい音を選んでいます。疑問文（または質問文）の場合は、日本語と同じように語尾を上げて言いましょう。

Point!
相手の言葉が分かる

尋ねても、相手の返答が分からない…。そんなことがないよう、お店の人のセリフも掲載。相手が何を言っているかが分かります。

韓国語、ヨミ、日本語訳はECCが監修しております。

Point!
入れ替えラクラク

入れ替え可能な単語を掲載。自分が伝えたい単語を選べば、何通りものフレーズに。

Point!
時間・数字はカタログへリンク

時間や数字などがまとまったページがすぐ開けるリンク付き。

Point!
インデックスで一発検索

アクティビティごとにインデックスが設けられているので、「したいこと」からページを開けます。

注文

あれと同じものください。
チョゴラン カットゥン ゴ ジュセヨ
저거랑 같은 거 주세요.

近くのテーブルをさしながら

サムギョプサルを **2人前** ください。
サムギョプサル イインブン ジュセヨ
삼겹살 **2인분** 주세요.

メニュー一覧 P.29

サミンブン 3인분 3人前
サインブン 4인분 4人前	オインブン 5인분 5人前

焼き肉

焼く

火をつけてください。
プル チョム キョ ジュセヨ
불 좀 켜 주세요.

火を強めてください。
プル チョム セゲ ヘ ジュセヨ
불 좀 세게 해 주세요.

火を弱めてください。
プル チョム チュリョ ジュセヨ
불 좀 줄여 주세요.

肉を切ってください。
コギ チョム チャルラ ジュセヨ
고기 좀 잘라 주세요.

もう食べてもいいですか？
イジェ モゴド テヨ
이제 먹어도 돼요?

おいしく召し上がってください。／まだです。
マシッケ トゥセヨ ／ アジギヨ
맛있게 드세요. ／ 아직이요.

網を取り替えてください。
チョルパン チョム カラ ジュセヨ
철판 좀 갈아 주세요.

<small>※焼いてほしい場合は「고기 좀 구워 주세요(コギチョム クウォジュセヨ/肉を焼いてください)」</small>

麺・スープ／ご飯／鍋／その他／お茶・スイーツ

Point!
ハレ旅の1行ネタ

韓国語の豆知識や役立つフレーズ、お得な情報まで、旅がもっと楽しくなる1行です。

その他のコンテンツ

読めば快晴
ハレ旅Study

韓国の文化や習慣を楽しく学べるコラム。知れば会話がより楽しくなります。

☀ **ハレ旅シリーズ共通！**
ハレときどきタビ

ハレくんとタビくんが韓国語にチャレンジ！やりがち失敗、びっくりポイントをタビくんと学ぼう。

タビくん　ハレくん

日→韓単語帳

知りたい単語を日本語から引ける便利な単語帳です。入れ替えや指さして使えます。

ハレ旅 ソウル
1,200円（税別）
一緒に使えば旅がもっと快晴に！

日本語はどのくらい通じる？
ソウルエリアガイド

女子大のお膝元
梨花女子大学があり、女子向けのプチプラアイテムが手に入る。大学生が多いため日本語は△

梨大 イデ 이대

活気あふれる食みやげの宝庫
明洞のすぐ隣にあるソウル最古の在来市場。日本語は完璧で、客引きなどもすべて日本語

南大門 ナムデムン 남대문

ソウルの流行発信地
弘益（ホンイク）大学のお膝元。ソウルの若者が集まる街。日本語はあまり通じない

弘大 ホンデ 홍대

コスパグルメならココ
新村 シンチョン 신촌

延世大学があり、学生が多いため、安くてうまい店が集まる。地元学生が多く日本語はほぼ通じない

不動の中心地
ソウルを代表する繁華街であり観光地。ショップの店員は日本語から中国語まで幅広い言語に対応している

明洞 ミョンドン 명동

漢江に浮かぶエリア
汝矣島 ヨイド 여의도

国会議事堂があるソウルの政治経済の中心。ビジネスマンが多い。日本語はほぼ通じないと思っておこう

ソウルっ子注目エリア
梨泰院 イテウォン 이태원

異国情緒が漂うエリア。革製品のオーダーメイドなどは日本語OK。日本語より英語のほうが通じやすい

漢江 ハンガン 한강

韓国の首都、ソウル。面積は東京23区よりも少し小さいくらいだ。その中に、さまざまな個性を持った街がギュッと詰まっている。ソウルでは、エリアによって、日本語が通じやすいかどうかは大きく異なる。日本語が通じにくいエリアではぜひ本書を持ち歩いて会話を実践してみて。

🗣 日本語OK度
🍴 日本語メニュー率

日本語OKのスタッフがいる店、日本語メニューがある店がどのくらいあるか3段階で表示。明洞はほぼどの店でも日本語が通じるし、日本語メニューがおいてある。

韓屋の街並みは散策にぴったり
🗣🗣🗣 / 🍴🍴

三清洞
サムチョンドン
삼청동

伝統的な家屋である韓屋(ハノク)の街。観光客が多いので、日本語OKの体験アクティビティが多い

眠らぬショッピング街
🗣🗣 / 🍴🍴

東大門
トンデムン
동대문

深夜営業のファッションビルが集まる。大型のファッションビルでは日本語OK。値切り交渉は韓国語が吉

伝統みやげを買うなら
🗣🗣🗣 / 🍴🍴

古宮が多いエリア。伝統みやげ店も多く、ショッピングに訪れる観光客が多い。日本語は通じやすい

仁寺洞
インサドン
인사동

芸能人と遭遇できるかも
🗣 / 🍴

芸能事務所が多いセレブなエリア。地元のセレブが多いため、日本語は通じにくい

狎鷗亭洞
アプクジョンドン
압구정동

高級ブランドがズラリ
🗣🗣 / 🍴🍴

「街路樹通り」という意味。大型ブランドも進出しており観光地化。日本語は通じやすいので安心

洗練されたオシャレタウン
🗣 / 🍴

カロスキル
カロスキル
가로수길

高級海外ブランドが集まる、日本で言うと表参道・青山エリア。観光客は少ないので日本語はあまり通じない

清潭洞
チョンダムドン
청담동

タクシーでの近距離移動は「近くてすみません(カッカウォソ チェソンハムニダ／까까워서 죄송합니다)」を

やりたいことが わんさか！
ソウルの旅、

ソウルで楽しめるアクティビティは多種多様。
5つのジャンルに分類。何をしたいかをまずは

🍴 EAT	✦ BEAUTY	🛍
焼き肉、ピリ辛鍋、麺やスープ…今夜の一皿はどれにする？	美容大国韓国で、一皮むけた美人になろう！	自分用にもお気に入りの

焼き肉
コギ
고기
➡ P.26

韓国といえば焼き肉。豚肉が主流

アカスリ
テミリ
때밀이
➡ P.82

専用のたわしで体をゴシゴシ。びっくりするほどツルピカ肌に

韓国コスメ
ファジャンプム
화장품
➡ P.106

定番のシートマスクから変わり種まで、おみやげにも最適

麺＆スープ
ミョン＆クッ
면＆국
➡ P.36

辛いものから冷たいものまで多種多様

チムジルバン
チムジルバン
찜질방
➡ P.84

サウナやお風呂、食堂まである大型入浴施設でリフレッシュ

東大門ファッ
トンデムン ペション
동대문 패션
➡ P.114

洋服の卸売店で、ファッションアイテムをリーズナブルにゲット

鍋
チゲ
찌개
➡ P.42

ピリ辛キムチチゲからアッサリのタッカンマリまで

エステ＆マッサージ
エステ＆マサジ
에스테＆마사지
➡ P.90

韓国ならではの骨気や韓方を使ったエステなども体験したい

オーダーメイト
マッチュム
맞춤
➡ P.118

韓国では革製品のオーダーメイドが日本よりも安価にできる

屋台
ポジャンマチャ
포장마차
➡ P.58

テイクアウト形式と、イートイン形式に分かれる

伝統雑貨
チョントン ジャプァ
전통 잡화
➡ P.126

韓国ならではのカラフルな小物はおみやげにも喜ばれる

伝統茶
チョントンチャ
전통차
➡ P.68

ほっこり甘くて美容効果もあるお茶の数々

免税店
ミョンセジョム
면세점

どんなことする？

ソウルでできることを食、美容、買い物、観光、遊びの決めて、予定を立てていこう。

🛍 SHOPPING
バラマキ用にも。
1品を見つけよう

📷 TOURISM
古宮、ソウルタワー、夜景など、ソウルには見どころも盛りだくさん

🎵 PLAY
韓国語ができなくても楽しめるスポットがいっぱい

古宮
コグン
고궁
➡ P.142

繁華街の近くにあるスポットも多く、気軽に歴史に触れられる

コンサート
コンソトゥ
콘서트
➡ P.148

憧れのK-POPアーティストを韓国の熱気の中で味わおう

ションビル
ションビル
빌딩

チマチョゴリ撮影
チマ チョゴリ チャリョン
치마 저고리 촬영
➡ P.153

伝統衣装の「チマチョゴリ」を着て写真撮影。スタッフは日本語可の施設が多数

夜景
ヤギョン
야경
➡ P.142

漢江の橋で行われる噴水ショーは一見の価値あり

カジノ
カジノ
카지노
➡ P.153

ソウルではカジノも楽しめる。少ない賭け金でもOK。店内では基本的に英語を使う

占い
サジュ
사주
➡ P.153

占いは四柱推命が主流。カフェのような店内でゆったりお茶を飲みながら占ってもらえる

ブランド品を免税価格で買うなら免税店へ。日本語OKなので買い物もラクラク

Nソウルタワー
エンソウル タウォ
N서울 타워
➡ P.143

南山にそびえるタワー。夜は7色にライトアップする

☀ このページを見せて、「これがしたいのですが (イゴ ハゴ シプンデヨ／이거 하고 싶은데요)」と言ってみよう

必勝フレーズをひっさげて

ソウル2泊3日 モデルコース

おいしい食べ物にショッピング、韓国ならではの美容などなど、
やりたいことは盛りだくさん。
必勝フレーズを使えば、旅がよりスムーズで楽しいものになるはず！

model course 1日目 明洞→東大門で韓国の空気に慣れる

ソウルに到着した初日は、韓国らしい雰囲気に体を慣らす1日に！

13:00 仁川空港 →バス→ **15:00** 明洞

必勝フレーズ
これください。
イゴ ジュセヨ
이거 주세요.

SHOPPING

ぐるっと90分ひと巡り
観光客が多く、コスメ、ファストファッションなどあらゆるものがそろう明洞をぐるりと一周

→ 韓国コスメ P.106
→ ショッピング P.102

必勝フレーズ
サンプルたくさんください。
セムプル マニ ジュセヨ
샘플 많이 주세요.

SWEETS & SNACK

屋台でおやつを食べ歩き
夕方になると明洞のメインストリートには屋台がズラリ。小腹を満たすメニューが満載
→ 屋台 P.58

DINNER

明洞で肉！肉！肉！
韓国に来たからにはまずは焼き肉！
厚切りサムギョプサルに舌鼓！
→ 焼き肉 P.26

必勝フレーズ
網を取り替えてください。
チョルパン チョム カラ ジュセヨ
철판 좀
갈아 주세요.

10

🚇 地下鉄 → **19:00 東大門**

SHOPPING

東大門で ファッションクルーズ

衣料品の卸売市場が集まる東大門は、夜中までファッションビルが開いているのが特徴

→ 東大門ファッション P.114

必勝フレーズ
2つ買うから安くしてください。
ドゥゲ サル テニカ カッカ ジュセヨ
두개 살 테니까 깎아 주세요.

↓

BEAUTY

チムジルバンで 心も体もデトックス

韓国の入浴施設、チムジルバン。汗蒸幕と呼ばれるサウナや大浴場があり、ショッピング疲れをリセットできる

→ チムジルバン P.84

必勝フレーズ
アカスリ お願いします！
テ ミロ ジュセヨ
때 밀어 주세요!

---

model course **2日目** 午前は過去・午後は 今の韓国を訪ねる

2日目は伝統的な雰囲気を味わったり、韓国のアツいエンタメに触れよう

8:00 明洞 🚇 地下鉄 → **10:00 仁寺洞**

MORNING

朝はほっこりお粥で

優しい味のお粥で、体を目覚めさせる

TOURISM

世界遺産、昌徳宮で 歴史に触れる

世界遺産にも登録されている古宮、昌徳宮。歴史の息づかいを感じる

→ 観光スポット P.142

必勝フレーズ
写真を撮ってください。
サジン チゴ ジュセヨ
사진 찍어 주세요.

🚶 徒歩

ソウルの地下鉄駅の改札から地上に上がる部分には、エスカレーターやエレベーターがないことも多い

11

11:30 三清洞

CAFE

三清洞で伝統茶

三清洞は伝統的な家屋「韓屋（ハノク）」が残る街。韓屋カフェで伝統茶をいただく

➡ 伝統茶 P.68

必勝フレーズ
このお茶にはどんな効果がありますか？
イ チャエヌン オットン ヒョグァガ イッソヨ
이 차에는 어떤 효과가 있어요?

LUNCH

（地下鉄）

韓屋レストランで本格韓定食

韓屋の個室レストランで、韓国の伝統的な料理をフルコースで味わえる韓定食を。ランチならリーズナブル

➡ 韓定食 P.46

18:00

PLAY

K-POPのコンサートに潜入！

K-POPアーティストの公演を生で体感！

➡ コンサート P.148

必勝フレーズ
かっこいい！最高！
モシッタ チャン
멋있다! 짱!

21:00 江南

（地下鉄）

DINNER

うまいもん通りで薄切り焼き肉

江南エリアには24時間営業の店が多数。薄切りの焼き肉を野菜と一緒にいただく

23:00

LIQUOR

マッコリ&チヂミで2軒目も制覇

マッコリ×チヂミは定番の組み合わせ。フルーツと混ぜた飲みやすいマッコリにもチャレンジしたい

➡ お酒 P.50

必勝フレーズ
何時までやっていますか？
ミョッ シカジ ヨンオベヨ
몇 시까지 영업해요?

model course 3日目

みやげ！みやげ！みやげ！

最終日はおみやげハンティングの日に！
食材などは最終日にまとめ買いが賢明

8:00 MORNING

朝はサッパリソルロンタン

アッサリとした牛骨のスープ、ソルロンタンで一日をスタート

→ 麺＆スープ P.36

地下鉄

SHOPPING

オーダーメイドSHOESで自分へのごほうび

自分好みの色やデザインにカスタムして、世界で一つだけの一足を手に入れよう

→ オーダーメイド P.118

必勝フレーズ
ヒールをもっと高くしたいです。
クム ノピルル ト ノプケ ハゴ シポヨ
굽 높이를 더 높게 하고 싶어요.

SHOPPING

仁寺洞で伝統雑貨をGET

カラフルな伝統雑貨はおみやげにピッタリ。リーズナブルなものも多い

→ 伝統雑貨 P.126

必勝フレーズ
友人へのプレゼントです。
チングエゲ ジュル
친구에게 줄
ソンムリエヨ
선물이에요.

地下鉄

15:00 明洞

SHOPPING

デパ地下で食みやげ

デパ地下には韓国海苔やコチュジャン、キムチなど韓国ならではの食みやげがズラリ

→ デパ地下 P.130

必勝フレーズ
飛行機に乗るのでしっかり包んでください。
ピエンギ タニカ ファッシラゲ
비행기 타니까 확실하게
ポジャン ヘ ジュセヨ
포장 해 주세요.

LUNCH

キンパをTAKE OUT

移動中に食べる用に、キンパをゲット。その場で巻いてもらうのがポイント

→ キンパ P.38

必勝フレーズ
持ち帰りです。
カジョガルケヨ
가져갈게요.

バス

18:00 仁川空港

免税店で買い残しナシ！

コスメなどのまとめ買いは免税店がお得。最後の最後まで買い物三昧

おみやげ系だと、コスメや伝統雑貨は日本語が通じやすく、服・靴などのショップでは通じにくいことが多い

基本フレーズ

まずはコレ！

アンニョンハセヨ（こんにちは）をはじめとした
あいさつや、はい／いいえ、受け答えなど、
韓国旅行で最低限必要な基本フレーズをご紹介。
覚えておけば、旅がよりスムーズで楽しくなるはず。

基本フレーズ 01
あいさつ

韓国の基本のあいさつは
「アンニョンハセヨ」。
どの時間帯もOK

> こんにちは。
> アンニョンハセヨ
> 안녕하세요?

親しい人には
「アンニョン
／안녕」も可

基本フレーズ 02
感謝

感謝の度合いによって
表現が変わる。お礼を
言われたときの返事もチェック

> ありがとう
> ございます。
> カムサハムニダ
> 감사합니다.

> 本当に
> ありがとう
> ございます。
> チョンマル
> 정말
> コマプスムニダ
> 고맙습니다.

> こちらこそ
> ありがとう
> ございます。
> チョヤマルロ
> 저야말로
> カムサハムニダ
> 감사합니다.

基本フレーズ 03

謝罪

謝罪の程度によって言い方が異なるので注意

完全にこちらに落ち度がある場合に使う

店員がお客さんに謝るときなど、丁寧な言い方

友達や年下の人に使う

基本フレーズ 04

別れ

親しい間柄なら「バイバイ（アンニョン／안녕）」もOK

その場に残る相手に使う

初対面の人にあいさつするときは「お会いできてうれしいです（パンガウォヨ／반가워요）」を使ってみよう

基本フレーズ 07

拒否、断り

断るときはハッキリ断ることが大切。あいまいに答えると理解してもらえないので注意

いいえ。
アニョ　アニョ
아니요./아뇨.

わかりません。
モルゲッソヨ
모르겠어요.

いいえ、違います。
アニョ、クロッチ アナヨ
아니요, 그렇지 않아요.

結構です。
テッソヨ
됐어요.

嫌です。
シロヨ
싫어요.

無理です。
ムリエヨ
무리예요.

やめてください。
クマ ナセヨ
그만 하세요.

今している動作をとめてください、というニュアンス

○○しないでください。
○○ ハジ マセヨ
○○하지 마세요.

行為自体をしないでください、というニュアンス

拒否するときにも最も強いのは命令形。「ハジマ！（하지 마！／やめろ・やめて！）」はピンチのときに使う

もっとDEEPに 愛されフレーズ

基本のあいさつのほかにも、
呼びかけや感動を韓国語で伝えてみよう。
「お、知ってるな！」と思われる、
愛されワードをご紹介。

愛されフレーズ 01 呼びかけ

「すみません」ではなく、
相手によって
呼びかけを変えてみよう

お姉さん
ヌナ / オンニ
누나 / 언니

男性が言う場合はヌナ、
女性が言う場合はオンニ

お兄さん
ヒョン / オッパ
형 / 오빠

男性が言う場合はヒョン、
女性が言う場合はオッパ

おばさん
イモ / アジュムマ
이모 / 아줌마

イモのほうが若干若いイメージなので喜ばれる！

おじさん
アジョシ
아저씨

運転手さん
キサニム
기사님

愛されフレーズ 02 感動フレーズ

感動したときにポロッと
出る言葉を韓国語に
してみたら愛され度倍増！

うわ！
ウワ
우와!

おいしそう！
マシッケッタ
맛있겠다!

やばい！
テバッ
대박!
「テーバッ」とのばしてもOK

最高！
チャン
짱!
親指を立てるジェスチャーと一緒に

超おいしい！
ワンジョン マシッタ
완전 맛있다!
ワンジョンは「完全」という意味

かわいい！
キヨプタ
귀엽다!

動物や行動がかわいらしいときに使う

きれい！
イェップダ
예쁘다!

洋服がかわいかったり、景色がきれいなときなど

マジで？
チンチャ
진짜?
親しい関係の場合使える

本当ですか？
チョンマリエヨ
정말이에요?

愛されフレーズ 03
困った
困ったらこの言葉。手を差しのべてもらえるかも

どうしよう。
オットッケ
어떡해.

愛されフレーズ 04
使える相槌
会話の必須アイテム、あいづちも知っておくと便利

そうなんだ。
クロックナ
그렇구나.

そうですか？
クレヨ
그래요?

「上手ですね」は「チャラネヨ／잘하네요」。こう言われたら韓国語を褒められていると思ってOK！

about Signboard

これって何て書いてある？
街で目にする看板ハングル

街を歩くと、ハングルの看板があふれている。
「よく見かけるけど何と書いてあるのだろう？」という疑問にお答え！

これって何のお店の看板？
街の中の「？」な看板、こんな意味があった！

↓ 銀行
「ハナ(하나)銀行」「新韓(신한)銀行」など、前に銀行名が付いている

↑ 不動産屋さん
「不動産」は日本と同じ漢字語由来。読み方も似ている

薬局 →
薬だけを扱う。ドラッグストアとはまた別もの

↑ 花屋さん
花屋さんも街の中でちらほら見かけることが多い看板の一つ

↑ 食堂
漢字にするとそのまま「食堂」。●●食堂という店名も多い

↑ 占い店
韓国の占いは四柱推命が主流。占い店はカフェのような造りになっている

タロットの場合は "타로(タロ)"

美容院
○○ヘアと、前に店名が入ることが多い。「美容室」の場合は「ミヨンシル／미용실」

헤어
ヘ ア

屋台
屋台のことをポジャンマチャという。夜になると風船型の看板に明かりがつく

포장마차
ポジャンマチャ

↑ 足マッサージ店
足ツボに特化している場合は「足」とでかでかと入っていることが多い

마사지
マッサージ

발
足

ほかにも

両替
환전
ファンジョン

両替所のこと。外国人にも分かるよう、¥や$のマークが看板にあることが多い

パブ
호프
ホプ

パブのこと。仕事帰りに立ち寄るサラリーマンが多い

これもよく見かける

監視カメラ作動中
お店の入り口などに書いてある文言。監視カメラとはいわず、CCTVというのが一般的

セール
세일 セール
セイル

セール中などは街じゅうにセールの文言があふれる

イベント
이벤트 イベント
イベントゥ

1つ買ったらもう1つが無料で付いてくる「1+1イベント」などが有名。スーパーやコスメ店などでよく見かける

看板やネオンサインで見かける温泉マーク「♨」は、ラブホテル（モーテル）を意味する。日本よりは少ない

ハレ's advice 初対面にタメ口は基本的にNG

実は韓国は、日本よりも上下関係に厳しいんだ。基本的に年上の人に対しては敬語を使うし、両親に対しても敬語を使うことが多いんだよ。タビくんのように初対面の人に対して急にタメ語で話しかけるのは失礼にあたるので、まずは敬語を使ったほうが安全。

感謝

「감사합니다
（カムサハムニダ）」も
丁寧な言い方。

カジュアル ← ──────────────────────→ 丁寧

コマウォ	コマウォヨ	コマプスムニダ
고마워	고마워요	고맙습니다
サンキュ	ありがとう	ありがとうございます

謝罪

「죄송합니다
（チェソンハムニダ）」の
죄は「罪」という意味。

カジュアル ← ──────────────────────→ 丁寧

ミアネ	ミアネヨ	ミアナムニダ	チェソンハムニダ
미안해	미안해요	미안합니다	죄송합니다
ごめん	ごめんね	ごめんなさい	申し訳ありません

別れのあいさつ

自分が立ち去るときは
「계세요（ケセヨ）」、
相手が立ち去るときは
「가세요（カセヨ）」。

カジュアル ← ──────────────────────→ 丁寧

アンニョン	アンニョンイ ゲセヨ	アンニョンイ ゲシプシオ
안녕	안녕히 계세요	안녕히 계십시오
バイバイ	さようなら	さようなら

ハレ旅会話

ソウル
韓国語

EAT

- P.26 焼き肉
- P.30 タッカルビ
- P.36 麺&スープ
- P.38 キンパ
- P.42 鍋
- P.46 韓定食
- P.50 お酒
- P.58 テイクアウト屋台
- P.60 イートイン屋台
- P.64 ファストフード
- P.68 伝統茶
- P.72 カフェでピンス

基本フレーズ

食事の際に欠かせないフレーズをご紹介。
注文や味の調整にも役立つはず。

あいさつ

いただきます。
チャル モッケッスムニダ
잘 먹겠습니다.

（店を出るとき）
ご苦労さまです。
スゴハセヨ
수고하세요.

ごちそうさまでした。
チャル モゴッソヨ
잘 먹었어요.

味・温度に関するフレーズ

おいしい！
マシッソ
맛있어!

辛い！
メウォ
매워!

冷めています。
シゴッソヨ
식었어요.

辛いですか？
メウォヨ
매워요?

（冷たいものが）
さっぱりしています。
シウォネヨ
시원해요.

味が薄いです。
シンゴウォヨ
싱거워요.

おいしそうです。
マシッケッソヨ
맛있겠어요.

店内で使えるフレーズ

これください。
이거 주세요.
(イゴ ジュセヨ)

トイレはどこですか？
화장실이 어디예요?
(ファジャンシリ オディエヨ)

もう食べてもいいですか？
이제 먹어도 돼요?
(イジェ モゴド テヨ)

日本語メニューをください。
일본어 메뉴판 주세요.
(イルボノ メニュパン ジュセヨ)

これのお代わりをください。
이거 더 주세요.
(イゴ ド ジュセヨ)

会計してください。
계산해 주세요.
(ケサネ ジュセヨ)

EAT

焼き肉 / 麺・スープ / ご飯 / 鍋 / その他 / お茶・スイーツ

「味」は「マッ／맛」という。手作りキムチは作り手の「手の味（ソンマッ／손맛）」が隠し味と言われている

焼き肉
完全シミュレーション

WHAT IS 『韓国の焼き肉』

韓国で「焼き肉」といえば、豚肉がメイン。豚の三層肉「サムギョプサル」をはじめとしたさまざまなメニューがある。牛肉は高級イメージがあり、国内産の牛肉は「韓牛（ハヌ）」と呼ばれる。豚肉も牛肉も、サンチュや白菜などの野菜に包むのでサッパリ食べられる。

入店

いらっしゃいませ。何名ですか？
オソ　オセヨ　ミョッ　ブニセヨ
어서 오세요. 몇 분이세요?

（2人です）　指で示す

こちらへ（座ってください）。
イッチョグロ　アンジュセヨ
이쪽으로(앉으세요).

着席

日本語メニューはありますか？
イルボノ　メニュパニ
일본어 메뉴판이
イッソヨ
있어요?

すみませ〜ん。
チョギヨ
저기요〜.

注文

これください。　指さしながら
イゴ　ジュセヨ
이거 주세요.

注文		**あれと同じものください。**	近くのテーブルを さしながら

チョゴラン カットゥン ゴ ジュセヨ
저거랑 같은 거 주세요.

サムギョプサルを2人前ください。

サムギョプサル イインブン ジュセヨ
삼겹살 2인분 주세요.

メニュー一覧 P.29

サミンブン 3인분 3人前	
サインブン 4인분 4人前	オインブン 5인분 5人前

焼き肉

焼く		**火をつけてください。**

ブル チョム キョ ジュセヨ
불 좀 켜 주세요.

火を強めてください。

ブル チョム セゲ ヘ ジュセヨ
불 좀 세게 해 주세요.

火を弱めてください。

ブル チョム チュリョ ジュセヨ
불 좀 줄여 주세요.

肉を切ってください。

コギ チョム チャルラ ジュセヨ
고기 좀 잘라 주세요.

 もう食べてもいいですか？

イジェ モゴド テヨ
이제 먹어도 돼요？

おいしく召し上がってください。／まだです。

マシッケ トゥセヨ　　　アジギョ
맛있게 드세요.／아직이요.

麺・スープ

ご飯

鍋

その他

お願い		**網を取り替えてください。**

チョルパン チョム カラ ジュセヨ
철판 좀 갈아 주세요.

焼いてほしい場合は「고기 좀 구워 주세요 (コギ チョム クウォ ジュセヨ／肉を焼いてください)」

お茶・スイーツ

これのお代わりをください。
イゴ ド ジュセヨ
이거 더 주세요.

指さしながら

エプロンをください。
アプチマ ジュセヨ
앞치마 주세요.

脂やタレがはねないよう、エプロンでガードしよう

アプチョプシ 앞접시 取り皿	ソス 소스 タレ	ヤチェ 야채 野菜
ムル 물 水	メッチュ 맥주 ビール	ソジュ 소주 焼酎

 料理がまだ来ないのですが。
ヨリガ アジッ アン ナオヌンデヨ
요리가 아직 안 나오는데요.

炭を下げてください。
ブルル チウォ ジュセヨ
불을 치워 주세요.

炭火焼きの焼き肉の場合、焼き終わったら焦げないよう炭を下げてもらおう

(指さして)これを下げてください。
イゴ チウォ ジュセヨ
이거 치워 주세요.

まだ食べ終わっていません。
アジッ タ モッチ アナッソヨ
아직 다 먹지 않았어요.

会計

 会計してください。
ケサネ ジュセヨ
계산해 주세요.

3万Wです。
サムマ ヌォニムニダ
3만 원입니다.

これください。 이거 주세요.
イゴ ジュセヨ

指さしながら注文しよう
焼き肉メニューカタログ

豚肉

サムギョプサル
삼겹살
サムギョプサル
豚の三枚肉。野菜に巻いて食べる

オギョプサル
오겹살
オギョプサル
豚の五枚肉。脂がしっかり

カルメギサル
갈매기살
横隔膜と肝の間の肉
脂が少なめでアッサリしている

テジカルビ
돼지갈비
豚カルビ
骨付きのカルビ。甘辛味

モッサル
목살
首肉
さっぱりしている。塩で食べる

ポッサム
보쌈
茹で豚
甘いキムチと一緒に食べる

牛肉

ソカルビ
소갈비
牛カルビ
骨付きのカルビ。高級品

トゥンシム
등심
ロース
タレではなく塩で食べる

アンシム
안심
ヒレ
脂身が少ないがやわらかい

アンチャンサル
안창살
ハラミ
希少部位。人気も高い

チャドルバギ
차돌박이
薄切り肉
あばら肉を薄切りにしたもの

プルゴギ
불고기
プルコギ
野菜などと一緒に炒めたもの

ユッケ
육회
ユッケ
生肉。卵黄と梨を混ぜて食べる

そのほかの焼肉メニューとしては、ホルモン（コプチャン／곱창）や、鴨肉（オリコギ／오리고기）などがある

タッカルビ
完全シミュレーション

WHAT IS 　　　『タッカルビ』

タッカルビとは、ぶつ切りにした鶏肉を、キャベツやサツマイモと一緒にピリ辛く炒めた料理。江原道（カンウォンド）の春川（チュンチョン）が発祥とされる。かなりピリ辛なので、チーズをトッピングしてマイルドにする食べ方も。シメは焼き飯（ポックムパプ）が定番。

 入店

いらっしゃいませ。
オソ　オセヨ
어서 오세요.

 （2人です）　指で示す

こちらへどうぞ。
イッチョグロ　オセヨ
이쪽으로 오세요.

 注文

 すみませ〜ん。
チョギヨ
저기요〜.

少々お待ちください。
チャムシマンニョ
잠시만요.

お決まりですか？
ムォ　トゥリルカヨ
뭐 드릴까요?

 日本語メニューをください。
イルボノ　メニュパン　ジュセヨ
일본어 메뉴판 주세요.

タッカルビは専門店のことが多く、メニューの数は絞られている

注文

タッカルビを **2人前** ください。
タッカルビ イインブン ジュセヨ
닭갈비 2인분 주세요.

メニュー一覧 P.33

サミンブン 3인분	3人前
サインブン 4인분	4人前
オインブン 5인분	5人前

チーズも追加でお願いします。
チジュド チュガヘ ジュセヨ
치즈도 추가해 주세요.

トッ 떡	餅	ミョン 면	麺
コグマ 고구마	サツマイモ	ヤチェ 야채	野菜

炒める

もう食べてもいいですか？
イジェ モゴド テヨ
이제 먹어도 돼요?

お店の人が目の前で調理！

おいしく召し上がってください。
マシッケ トゥセヨ
맛있게 드세요.

鉄板から直接食べるのが韓国スタイル

まだです。
アジギョ
아직이요.

この料理は十分火が通っていないみたいです。
イ ヨリヌン トル イグン ゴッ カットゥンデヨ
이 요리는 덜 익은 것 같은데요.

お願い

エプロンをください。
アプチマ ジュセヨ
앞치마 주세요.

赤いソースがはねないようにエプロン必須！

EAT / 焼き肉 / 麺・スープ / ご飯 / 鍋 / その他 / お茶・スイーツ

春川では「マックッス(막국수)」という麺も有名。そば粉を使った麺が冷たい牛スープに入っている

お願い

取り皿をください。
アプチョプシ ジュセヨ
앞접시 주세요.

とても辛いので水をください。
ノム メウニカ ムル ジュセヨ
너무 매우니까 물 주세요.

シメの焼き飯

焼き飯を2人前お願いします。
ポックムパプ イインブン
볶음밥 2인분
ヘ ジュセヨ
해 주세요.

量が多いので、3人で2人前がちょうどいい

会計

会計してください。
ケサネ ジュセヨ
계산해 주세요.

3万Wです。
サムマ ヌォニムニダ
3만 원입니다.

ごちそうさまでした。
チャル モゴッソヨ
잘 먹었어요.

Where to eat

タッカルビの聖地は春川

春川明洞（チュンチョンミョンドン）というエリアには「タッカルビ通り」があり、タッカルビ店が軒を連ねる

韓国北部に位置する「江原道（カンウォンド）」にある「春川市（チュンチョンシ）」。ドラマ「冬のソナタ」の舞台としても有名なエリアだ。タッカルビはここの名物で、毎年夏には「タッカルビ祭り」が開催される。ソウルから1時間ほどでアクセスできるのも魅力。
【ACCESS】龍山駅から準高速列車「ITX青春」で約1時間10分、清涼里駅から約1時間

鶏肉料理メニューカタログ

これください。 이거 주세요.
(イゴ ジュセヨ)

指さしながら注文しよう

鶏肉

タッパル
닭발
タッパル
鶏の足首から下を唐辛子などで炒めたもの。
辛みが強く、軟骨のようなコリコリ食感

ヤンニョムチキン
양념치킨
ヤンニョムチキン
甘辛タレに絡めてあるフライドチキン。
ビールと一緒に食べるのが韓国スタイル

サムゲタン
삼계탕
参鶏湯
鶏の中にもち米などを入れて煮たスープ。
滋養強壮によく、夏バテ防止にもなる

タッカンマリ
닭한마리
鶏の水炊き
鶏丸ごと一羽の水炊き。辛いタレで食べる。
シメはカルグクス（うどん）が一般的

チムタッ
찜닭
チムタク
鶏肉を醤油ベースのタレで蒸し煮
にしたもの。ジャガイモと春雨入り

プライドゥ チキン
프라이드 치킨
フライドチキン
マスタードなどを
つけて食べる

マヌルチキン
마늘치킨
ニンニクチキン
がっつりニンニクが
効いたフライドチキン

韓国ではフライドチキンのチェーンが多数ある。夜食として、出前（ペダル／배달）を利用する人も多い

食べ方のマナー
ハレ旅 Study 読めば快晴

同じお箸を使っても異なる食事のお作法

　飛行機で約2時間の"お隣の国"韓国。共通点も多いが、食事のマナーについては、日本と異なる点も多い。お箸を使って料理を食べるのは同じでも、ところ変わればマナーも変わる。韓国の食事のマナーを知っておこう。

　まずは座り方。日本で座敷席の場

Manner1
みんなで食べる

食事は基本的に誰かと一緒にとる。韓国のレストランで1人の人を見かけることは少ない。互いに声をかけ合って一緒に食べに行くのが普通

Manner2
直箸は普通

直箸を全く気にしない。また、鍋ものなどのシェアする料理でも取り皿にとらずに、鍋から直接スプーンで食べることが多い

Manner3
いちいち乾杯

お酒を飲むときは、飲む度に乾杯する勢い。ショットグラスで飲む焼酎は、最初の1杯は一気飲みが基本なのだそう

合は、正座が正しい姿勢とされているが、韓国はあぐら、もしくは立て膝でOK。これはチマチョゴリを着ていた時代に生まれた習慣といわれる。

また、皿などは手に持たず、机に置いた状態で食べる。そう考えると韓国のご飯の器が金属製で持つと熱いのもうなずける。

そして料理をよく混ぜる。ビビンパならイメージが湧くかもしれないが、ピンス（かき氷）も、カレーライスもだ。日本料理は食卓に出てきた段階で完成しているため、崩さずに食べるが、韓国では、味をなじませることで料理が完成する、と考えられている。

そのほかにもさまざまな違いを比べながら食事をすると、よりいっそうおいしくなるかもしれない。

Manner4
とにかく混ぜる
「混ぜれば混ぜるだけ味がなじんでおいしくなる」というのが韓国グルメのモットー。ビビンバだけでなく、ピンスやカレーライスでもぐちゃぐちゃにかき混ぜてから食べ始める

Manner5
あぐらOK
日本では食べるときのあぐらはNGだが、韓国では問題ない。座敷席では立て膝をして食べることも

Manner6
器は持ち上げない
器は基本的に手に持たず、机に置いたまま食べるのが基本。また、スプーンを多用し、ご飯などもスプーンでいただく

Manner7
音を立てるのはNGのはずだけど…
実際は食べ物をくちゃくちゃと音を立てながら食べるのが「おいしい証拠」なのだとか。おいしさは音でも表現する！

食事の代金を割り勘しないのも韓国ならでは。1軒目で自分が払ったら、2軒目では相手が払うというのが一般的

EAT / 焼き肉 / 麺・スープ / ご飯 / 鍋 / その他 / お茶・スイーツ

麺＆スープ
完全シミュレーション

WHAT IS 『麺＆スープ』

韓国料理には多様な麺・スープがある。朝ごはんや、飲んだあとのシメなどにも食べられる。鍋料理などは大人数でなければ食べきれないうえ、2人前以上からしか注文できない店も多いが、麺やスープは1人前の注文ができる。おひとりさま旅行者の強い味方といえる。

入店

いらっしゃいませ。
オソ オセヨ
어서 오세요.

（2人です） 指で示す

こちらへどうぞ。
イッチョグロ オセヨ
이쪽으로 오세요.

注文

 すみませ〜ん。
チョギヨ
저기요〜.

はい、お待ちください。
ネ チャムシマンニョ
네, 잠시만요.

 日本語メニューをください。
イルボノ メニュパン ジュセヨ
일본어 메뉴판 주세요.

 何がおいしいですか？
モガ マシッソヨ
뭐가 맛있어요?

| 注文 | 参鶏湯をください。
サムゲタン ジュセヨ
삼계탕 주세요. | 麺、スープは
「〇人前」と
伝えなくてOK | メニュー一覧 P.40 |

1人前だけ注文できますか？
イリンブンマン チュムナル ス イッソヨ
1인분만 주문할 수 있어요?

あまり辛くしないでください。
ノム メプチ アンケ ヘ ジュセヨ
너무 맵지 않게 해 주세요.

| お願い | **スプーン**をください。
スッカラッ ジュセヨ
숟가락 주세요. |

アプチョプシ　　　　　　バブ （スープの場合）　　カウィ （冷麺の場合）
앞접시 取り皿　　밥 ご飯　　가위 ハサミ

クルッ　　（参鶏湯の場合）　　　アプチマ
그릇 （骨を入れる）器　　앞치마 エプロン

キムチ ド
김치 더　キムチのお代わり

カットゥギ ド
깍두기 더　カクテキのお代わり

ソグム
소금　（ソルロンタンの場合）塩

パ
파　（ソルロンタンの場合）ネギ

| 会計 | **会計してください。**
ケサネ ジュセヨ
계산해 주세요. |

1万5000Wです。
マノチョヌォニムニダ
15000원입니다.

ごちそうさまでした。
チャル モゴッソヨ
잘 먹었어요.

韓国の冷麺はでんぷんを含んでおり、歯ごたえが強い。ハサミを使って一口サイズにカットしてから食べる

キンパ
完全シミュレーション

WHAT IS 『キンパ』

キンパは韓国式海苔巻きのこと。食事やおやつとして日常的に食べられている。日本との大きな違いは、韓国海苔に巻いてあること。海苔にも具にも味がついているので、日本のように醤油につけずそのまま食べる。具は野菜や卵、チーズ、ツナマヨなど、さまざま。

入店

いらっしゃいませ。
オソ オセヨ
어서 오세요.

（2人です） 指で示す

空いている席にどうぞ。
ピン チャリエ アンジュセヨ
빈 자리에 앉으세요.

注文

 すみませ〜ん。
チョギヨ
저기요〜.

盛り合わせキンパをください。
モドゥムキムパプ ジュセヨ
모듬김밥 주세요.

チャムチキムパプ
참치김밥　ツナキンパ

チジュキムパプ
치즈김밥　チーズキンパ

プルゴギキムパプ
불고기김밥　プルコギキンパ

ヤチェキムパプ
야채김밥　野菜キンパ

★伝票に自分で記入する場合もある
キンパの店では、自分で伝票に個数を記入して注文するスタイルの場合もある

| お願い | **ニンジン**は抜いてください。
タングン ベ ジュセヨ
당근 빼 주세요. |

| | ヤンパ **タマネギ**　　ウォン **ゴボウ**
양파　　　　　　　　우엉
ケンニプ **エゴマの葉**　オイ **キュウリ**
깻잎　　　　　　　　오이 |

注文時に苦手な具材を伝えれば抜いてもらえる

| 会計 | 会計してください。
ケサネ ジュセヨ
계산해 주세요. |

7500Wです。
チルチョノベグォニ ムニダ
7500원입니다.

| | ごちそうさまでした。
チャル モゴッソヨ
잘 먹었어요. |

テイクアウトの場合

| 注文 | テイクアウトしたいのですが。
カジョガゴ シプンデヨ
가져가고 싶은데요. |

| | 盛り合わせキンパとツナキンパをください。
モドゥムキムパ ビラン チャムチキムパプ ジュセヨ
모듬김밥이랑 참치김밥 주세요. |

| | 即席で
巻いてください。
パロ
바로
サ ジュセヨ
싸 주세요. |

できたてを受け取れる!

キンパは長く巻いたものを、カットして出してくれる。端の部分は具がはみ出していて取り合いになるとか

これください。 이거 주세요.
イゴ ジュセヨ

指さしながら注文しよう
麺＆スープ＆
ご飯メニューカタログ

麺

カルグッス
칼국수
カルグクス
「カル（칼）」は刀のこと。
日本のうどんに似ている

ラミョン
라면
ラーメン
インスタントの
乾麺が主流

チャムポン
짬뽕
チャンポン
海鮮のダシが効いている。
辛みが強め

ジャジャンミョン
자장면
ジャジャン麺
甘じょっぱいソースを
絡めて食べる

コングッス
콩국수
豆乳うどん
夏の定番メニュー。
冷たくてクリーミー

ネンミョン
냉면
冷麺
でんぷんで作った麺は
ハサミで切って食べる

ビビムネンミョン
비빔냉면
ビビン冷麺
赤いソースを混ぜて
食べる。辛みが強い

マックッス
막국수
マッククス
そば粉で作った
冷たい麺。江原道の名物

スープ

サムゲタン
삼계탕
参鶏湯
鶏の中に薬膳やもち米を
入れて煮た栄養食

ソルロンタン
설렁탕
ソルロンタン
牛の骨のダシ。素麺が
入っていることも

コムタン
곰탕
コムタン
牛のスネや内臓から
ダシを取ったスープ

ブゴクッ
북어국
ブゴクッ
干しスケトウダラの
スープ

タッコムタン
닭곰탕
タッコムタン
鶏の骨を煮込んだ
スープ

スジェビ
수제비
すいとん
モチモチのすいとん入り。
鶏ダシが多い

ミヨックッ
미역국 **ワカメスープ**
誕生日に食べることが多い

テグタン
대구탕 **テグタン**
タラの身やアラが入ったピリ辛味の鍋

ユッケジャン
육개장 **ユッケジャン**
細切りの牛肉や卵が入った辛いスープ

40

ご飯

キムパプ
김밥
海苔巻き

さまざまな具材を入れた韓国版の海苔巻き。海苔は韓国海苔になっていて、ごま油の風味が付いている

ピビムパプ
비빔밥
ビビンパ

直訳すると「混ぜご飯」。ナムルや牛肉、コチュジャンなどが入っている。しっかり混ぜてから食べる

トルソッピビムパプ
돌솥 비빔밥
石焼きビビンパ

黒い器は「トルソッ」という。全羅道・全州の名物。熱い器にご飯を押し付けて作るおこげが美味

ポリパプ
보리밥
麦ご飯

麦のご飯にナムルやコチュジャン、ごま油を入れてしっかり混ぜて食べる料理。ヘルシーで女性に人気

チュッ
죽
お粥

エビやマツタケ、アワビなど、さまざまな具材がある。消化によく、朝ごはんとして食べられることが多い

サムパプ
쌈밥
包みご飯

直訳すると「包みご飯」。野菜にご飯、肉、合わせ味噌などを巻いて食べるヘルシーなメニュー

トッポッキやラーメン、餃子（マンドゥ／만두）など、粉を使った料理を総称して粉食（ブンシッ／분식）という

鍋料理
完全シミュレーション

WHAT IS 『鍋』

冬の気温が氷点下20℃近くまで下がるからか、韓国では鍋料理の種類が非常に豊富。海鮮系やトッポッキ鍋、辛さのない透明なスープのタッカンマリなど、気分に合わせて選びたい。料理名に「チゲ」「チョンゴル」「タン」などが付いていればそれは鍋料理と思ってOK。

入店

いらっしゃいませ。
オソ オセヨ
어서 오세요.

（2人です） 指で示す

こちらへどうぞ。
イッチョグロ オセヨ
이쪽으로 오세요.

着席

すみませ〜ん。
チョギヨ
저기요〜.

はい、お待ちください。
ネ チャムシマンニョ
네, 잠시만요.

日本語メニューをください。
イルボノ メニュバン ジュセヨ
일본어 메뉴판 주세요.

注文

キムチチゲを 2人前 ください。
キムチ チゲ イインブン ジュセヨ
김치찌개 2인분 주세요.

メニュー一覧 P.45

サミンブン
3인분 3人前

サインブン
4인분 4人前

オインブン
5인분 5人前

1人前だけ注文できますか？
イリンブンマン チュムナル ス イッソヨ
1인분만 주문할 수 있어요?

あまり辛くしないでください。
ノム メプチ アンケ ヘ ジュセヨ
너무 맵지 않게 해 주세요.

調理

火を弱めてください。
ブル チョム チュリョ ジュセヨ
불 좀 줄여 주세요.

火を強めてください。
ブル チョム セゲ ヘ ジュセヨ
불 좀 세게 해 주세요.

ハサミをください。
カウィ ジュセヨ
가위 주세요.

具材を切るのに必要！

切ってください。
チャルラ ジュセヨ
잘라 주세요.

もう食べてもいいですか？
イジェ モゴド テヨ
이제 먹어도 돼요?

鍋料理は食べごろの見極めが難しいので、お店の人に確認してみよう

EAT / 焼き肉 / 麺・スープ / ご飯 / 鍋 / その他 / お茶・スイーツ

鍋料理は基本的に2人前から注文が可能。鍋は取り皿に取らず、鍋から直接スプーンで食べるのが韓国流

| 調理 |

おいしく召し上がってください。/まだです。
맛있게 드세요. / 아직이요.
_{マシッケ トゥセヨ / アジギヨ}

熱いですよ。手に気を付けてください。
뜨거워요. 손 조심하세요.
_{トゥゴウォヨ ソン チョシマセヨ}

| お願い |

スプーンをください。
숟가락 주세요.
_{スッカラッ ジュセヨ}

アプチョプシ		アプチマ	
앞접시	取り皿	앞치마	エプロン
ムルスゴン		ティシュ	
물수건	おしぼり	티슈	ティッシュ

焼き飯にしてください。
볶음밥 해 주세요.
_{ポックムパプ ヘ ジュセヨ}

| 会計 |

会計してください。
계산해 주세요.
_{ケサネ ジュセヨ}

3万Wです。
3만 원이에요.
_{サムマ ヌォニエヨ}

ごちそうさまでした。
잘 먹었어요.
_{チャル モゴッソヨ}

またどうぞ。
또 오세요.
_{ト オセヨ}

これください。 イゴ ジュセヨ
이거 주세요.

指さしながら注文しよう☞
鍋料理メニューカタログ

キムチチゲ
김치찌개
キムチ鍋
酸味のあるキムチが特徴。
焼酎と好相性

トッポッキ
떡볶이
トッポッキ鍋
海鮮やチーズなどの
トッピングを選べる

ヘムルタン
해물탕
海鮮鍋
タコや貝類など海鮮が盛り
だくさん。辛みは控えめ

テグタン
대구탕
タラ鍋
ゴロッと入ったタラの切り身の
ダシが効いている

ブデチゲ
부대찌개
部隊チゲ
定番具材はラーメン、スパム
（ソーセージ）、コーンなど

コプチャンチョンゴル
곱창전골
ホルモン鍋
ホルモンの味わいが
凝縮された辛めの鍋

スンドゥブチゲ
순두부찌개
スンドゥブチゲ
おぼろ豆腐が入った鍋。
1人前サイズで出てくる

カムジャタン
감자탕
カムジャタン
ジャガイモと骨付きの
牛肉の鍋

タッカンマリ
닭한마리
鶏の水炊き
鶏丸ごと一羽が入った
韓国風の水炊き

鍋の最後のシメの定番は、ご飯、うどん（カルグクス）、ラーメンが定番。ラーメンはインスタントの乾麺

45

韓定食
完全シミュレーション

WHAT IS 『韓定食』

日本の懐石料理に近い料理。さまざまな料理がコースで出てくる。宮廷料理を再現したものや、郷土料理など、お店によって内容は多種多様。価格帯も料理の種類によってかなりの幅がある。韓国の伝統的な家屋「韓屋（ハノク）」になっているレストランも多い。

予約（電話）

> ○○韓定食です。
> ○○ ハンジョンシギムニダ
> ○○한정식입니다.

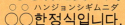

> 予約したいのですが、
> 日本語ができる人はいらっしゃいますか？
> イェヤグル ハゴ シプンデ
> 예약을 하고 싶은데
> イルボノ ハシヌン ブニ ケシナヨ
> 일본어 하시는 분이 계시나요?

→いる場合はそのまま日本語で予約！

> 少々お待ちください。／おりません。
> チャッカンマン キダリョ ジュセヨ
> 잠깐만 기다려 주세요.
> オプスムニダ
> ／없습니다.

> 15日の6時から2人で予約お願いします。
> シボイル ヨソッシエ ドゥ ミョン イェヤグル
> 15일 6시에 두 명 예약을
> ブタカムニダ
> 부탁합니다.

予約は前日までに！

時間、日付
P.194、197

> メニューは行ってから決めます。
> メニュヌン カソ キョルチョン ハ ゲッスム ニ ダ
> 메뉴는 가서 결정하겠습니다.

予約

個室にしてください。
トッシルロ ヘ ジュセヨ
독실로 해 주세요.

パンウロ		テイブルソグロ	
방으로	座敷に	테이블석으로	テーブル席に
チャンガチョッ	チャリロ		
창가쪽	자리로	窓際の席に	

入店

予約した佐藤晴子です。
イェヤッカン サトハル コイムニダ
예약한 사토하루코입니다.

予約していないのですが、席はありますか?
イェヤッカジ アナンヌンデヨ チャリ イッソヨ
예약하지 않았는데요, 자리 있어요?

こちらへどうぞ。/すみません、満席です。
イッチョグロ オセヨ
이쪽으로 오세요.
チェソンハムニダ マンソギムニダ
/죄송합니다, 만석입니다.

注文

日本語メニューをください。
イルボノ メニュバン ジュセヨ
일본어 메뉴판 주세요.

ランチのコースをお願いします。
チョムシム コスルル プタカムニダ
점심 코스를 부탁합니다.

これをお願いします。 指でさす
イゴスル プタカムニダ
이것을 부탁합니다.

「韓定食」というのは、多数の料理が出てくるスタイルの定食の総称。宮廷料理や郷土料理など種類はさまざま

お願い

これはどうやって食べるのですか？
イゴ オットッケ モゴヨ
이거 어떻게 먹어요?

やってみせてください。
ヘ ボセヨ
해 보세요.

こうやって食べるんですよ。
イロッケ モッスムニダ
이렇게 먹습니다.

取り皿をください。
アプチョプシ ジュセヨ
앞접시 주세요.

これで全部ですか（全部出ましたか）？
タ ナワッソヨ
다 나왔어요?

**はい。
／まだあります。**
ネ
네.
アジッ イッスムニダ
／아직 있습니다.

会計
ケサネ ジュセヨ
계산해 주세요.

7万Wです。
チルマ ヌォニムニダ
7만 원입니다.

ごちそうさまでした。
チャル モゴッソヨ
잘 먹었어요.

これください。 이거 주세요.
イゴ ジュセヨ

指さしながら注文しよう
韓定食メニューカタログ

ハンジョンシッ
한정식
韓定食
コースで出てくるスタイルの料理を総称したもの

ヒャントヨリ
향토 요리
郷土料理
写真は全羅道の郷土料理

韓定食のメニューはこんな感じ！

チュッ
죽
お粥
写真は豆とご飯をすりつぶしたお粥

フェ
회
刺し身
白身魚のことが多い

ジョン
전
チヂミ
日本のものよりやや薄いのが特徴

シンソルロ
신선로
神仙炉
特殊な鍋で温める料理

クジョルパン
구절판
九節板
真ん中の生地に食材を巻いて食べる

ナッチ ポックム
낙지 볶음
タコ炒め
タコをピリ辛く炒めたもの

カルビチム
갈비찜
カルビチム
蒸し煮にした牛肉。骨付きのことが多い

テンジャンチゲ
된장찌개
味噌チゲ
日本の味噌汁に近い味わい

センソングイ
생선 구이
焼き魚
高級魚イシモチなどが有名

料亭のように、全室個室になっている韓定食のお店もある。ビジネスの重要な打ち合わせなどに使われる

お酒
完全シミュレーション

WHAT IS 『韓国でお酒』

韓国のお酒の主流はビールと焼酎。日本人に人気のマッコリは、韓国国内では最近になってフルーツと混ぜて飲むなど、若者にも飲まれるようになったが、以前まで「おじさんのお酒」というイメージが強かった。日本のサワーのような甘いお酒はあまり飲まれない。

入店

いらっしゃいませ。
オソ オセヨ
어서 오세요.

 （2人です） 指で示す

こちらへどうぞ。
イッチョグロ オセヨ
이쪽으로 오세요.

 何時までやっていますか？
ミョッ シカジ ヨンオペヨ
몇 시까지 영업해요?

時間
P.197

2時までです。
ドゥシカジヨ
2시까지요.

注文 **日本語メニューをください。**
イルボノ メニュバン ジュセヨ
일본어 메뉴판 주세요.

 どのお酒がおいしいですか？
ムスン スリ マシッソヨ
무슨 술이 맛있어요?

50

注文

チヂミもください。
ジョンド ジュセヨ
전도 주세요.

ノトゥ	チジュ	ドゥブキムチ
너트 ナッツ	치즈 チーズ	두부김치 豆腐キムチ

コルベンイ
골뱅이 つぶ貝のあえ物

ノンアルコールの飲み物はありますか？
ムアルコル ウムニョヌン イッソヨ
무알콜 음료는 있어요?

焼酎を1本ください。
ソジュ ハン ビョン ジュセヨ
소주 한 병 주세요.

メニュー一覧 P.52

お願い

お水をください。
ムル ジュセヨ
물 주세요.

グルラス	カットゥン ゴッ
글라스 グラス	같은 것 同じもの

ロックでお願いします。
オンドラグロ ヘ ジュセヨ
언더락으로 해 주세요.

飲食店では焼酎かビールだけのことが多い。バーなどにはカクテルも

ストゥレイトゥロ
스트레이트로 ストレートで

ムルル タン スルロ
물을 탄 술로 水割りで

ソダルル タン スルロ
소다를 탄 술로 ソーダ割りで

タットゥッタン ムルル タン スルロ
따뜻한 물을 탄 술로 お湯割りで

会計

会計してください。
ケサネ ジュセヨ
계산해 주세요.

 おつまみは「アンジュ／안주」という。マッコリにはチヂミや豆腐キムチ、ビールにはつぶ貝のあえ物が主流

これください。 이거 주세요.
イゴ ジュセヨ

指さしながら注文しよう
お酒メニューカタログ

その他のドリンクメニュー
伝統茶　P.70
カフェ　P.76

スル
술
酒

さまざまな
種類アリ

マッコルリ
막걸리
マッコリ

センマッコルリ **생막걸리** 生マッコリ	コムジョンコン マッコルリ **검정콩 막걸리** 黒豆マッコリ	ペ マッコルリ **배 막걸리** 梨マッコリ	ポド マッコルリ **포도 막걸리** ぶどうマッコリ
加熱処理されていないマッコリ。ほのかな酸味と微発泡が楽しめる	黒豆の濃縮液が入ったマッコリ。香ばしい味わいが特徴	韓国では料理にも用いられる梨。爽やかな酸味があり、食事にも合う	ぶどうの果汁入りのマッコリ。デザート感覚で楽しめる
ポッスンア マッコルリ **복숭아 막걸리** 桃マッコリ	ソンニュ マッコルリ **석류 막걸리** ざくろマッコリ	タルギ マッコルリ **딸기 막걸리** イチゴマッコリ	
桃果汁入りのマッコリ。カクテルのような味わいで、女性好みの味わい	ざくろは美容にもよい果物で、韓国女性から支持されている	女子からの人気が高い。甘みが強いので、お酒が苦手な人にもおすすめ	

果物から
できたお酒

クァシルジュ
과실주
果実酒

メシルジュ **매실주** 梅酒	ポップンジャジュ **복분자주** 覆盆子酒	サンサチュン **산사춘** サンザシの薬酒
韓国焼酎に梅を漬けたもの。日本と同様、家で手作りもされる	覆盆子（ポップンジャ）は野イチゴのこと。甘酸っぱくて飲みやすい	ポリフェノールを多く含むサンザシのお酒。漢方の香りが強い

度数は18〜20度 ソジュ **소주** 焼酎	度数は4〜5度 メッチュ **맥주** ビール	 ワイン **와인** ワイン
 ジン **진** ジン	 ウィスキ **위스키** ウイスキー	 カッテイル **칵테일** カクテル
クラブでの定番のお酒 テキルラ **테킬라** テキーラ	ドンドンジュ **동동주** ドンドンジュ / 韓国のどぶろく チョンジュ **청주** 清酒	

ウンリョス **음료수** ソフトドリンク

コルラ **콜라** コーラ	スプライトゥ **스프라이트** スプライト	サイダ **사이다** サイダー	ムル **물** 水

お酒のマナー

韓国は儒教の文化が根づいており、お酒に関するマナーはさまざま。友人同士で飲む際にはあまり気にしなくてよいが、年上や目上の人と飲むときは、口元を手で隠して飲む。また、女性が配偶者以外の男性にお酒を注ぐのはNGなので注意が必要。一人でチビチビ飲むのは印象が悪く、飲む度に乾杯をする、という文化もある。

乾杯は日本と同様「乾杯！(コンベ！／건배！)」。グラスを合わせるときに「チャン！」というのもアリ

EAT / 焼き肉 / 麺・スープ / ご飯 / 鍋 / その他 / お茶・スイーツ

How to Read Menu

ハングルだけでも大丈夫！

メニューの読み方

日本語表記がないメニューでも、法則を押さえておけば理解できる！

메뉴
メニュー
（メニュ）

Point 1

식사류
食事類
（シクサリュ）

한정식
韓定食
（ハンジョンシッ）

0000W
0000W
0000W

고기 요리
肉料理
（コギ ヨリ）

0000W
0000W

생선 요리
魚料理
（センソン ヨリ）

0000W
0000W
0000W

찌개
鍋
（チゲ）

0000W
0000W

스프류
スープ類
（スプリュ）

0000W
0000W

一番人気が
チェイル インキ
제일 인기

54

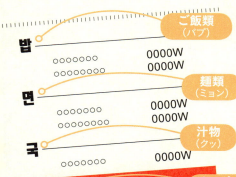

Point 1
一番はじめが看板料理

韓国のお店は専門店が多い。イチオシの料理はメニューの中でも最初のページや上にくることが多い

Point 2
「材料＋調理法」の法則

メニュー名はシンプル。材料の名前と調理方法がつながっているものが多い。食材の名前と料理法はP.56へ

EAT
焼き肉
麺・スープ
ご飯
鍋
その他
お茶・スイーツ

あるメニューは何ですか？
インヌン メニュヌン モエヨ
있는 메뉴는 뭐예요?

メニューを指さしてもらおう

明洞は観光客が多いため、日本語メニューがあるお店が多い。写真も掲載されているので指をさして注文を

How to Read Menu

料理の種類

「○○モッコシポヨ／먹고 싶어요」で「○○が食べたいです」となる

朝食	昼食	夕食
アチム シッサ	チョムシム	チョニョッ
아침 식사	점심	저녁

韓国料理	洋食	フランス料理
ハングン ニョリ	ヤンシッ	プランス ヨリ
한국 요리	양식	프랑스 요리

イタリア料理	中国料理	日本料理
イタルリア ヨリ	チュングンニョリ	イルボン ニョリ
이탈리아 요리	중국 요리	일본 요리

調理法など

メニューは「材料＋調理法」となっているものも多いので、知っておくと便利

温かい○○	冷たい○○	燻製の○○
タットゥッタン	チャガウン	フンジェエ
따뜻한○○	차가운○○	훈제의○○

揚げた○○	凍らせた○○	味付けした○○
ティギン	オルリン	カヌル ハン
튀긴○○	얼린○○	간을 한○○

混ぜ合わせた○○	生の○○	すりおろした○○
ソックン	セン	カン
섞은○○	생○○	간○○

塩漬けにした○○	炙り焼きにした○○	薄切りにした○○
ソグメ チョリン	プレ クウン	ヤルケ ソン
소금에 절인○○	불에 구운○○	얇게 썬○○

焼いた○○	炒めた○○	ゆでた○○	蒸した○○
クウン	ポックン	デチン	チン
구운○○	볶은○○	데친○○	찐○○

調味料

基本的な調味料から韓国ならではの調味料まで。追加でもらいたいときにも

油	ごま油	唐辛子	コショウ
キルム	チャムキルム	コチュ	フチュ
기름	참기름	고추	후추

塩	砂糖	コチュジャン	塩辛
ソグム	ソルタン	コチュジャン	チョッカル
소금	설탕	고추장	젓갈

肉・魚

「イシモチ」は高級魚。韓国ではリーズナブルに食べられている

肉	牛肉	鶏肉	豚肉
コギ	ソゴギ	タッコギ	テジ ゴギ
고기	소고기	닭고기	돼지 고기

羊肉	魚	タラ	イシモチ
ヤン コギ	センソン	テグ	チョギ
양 고기	생선	대구	조기

野菜

韓国料理は野菜もふんだんに使う。料理によく使われる野菜の名前を紹介

野菜	ネギ	タマネギ	大根
ヤチェ	パ	ヤンパ	ム
야채	파	양파	무

キュウリ	白菜	カボチャ	モヤシ
オイ	ペチュ	ホバッ	コンナムル
오이	배추	호박	콩나물

エゴマの葉	サンチュ	ニラ	キャベツ
ケンニブ	サンチュ	ブチュ	ヤンペチュ
깻잎	상추	부추	양배추

果物

韓国ではトマト(토마토/トマト)はフルーツとしてデザートに用いられる

果物	リンゴ	ミカン	イチゴ
クァイル	サグァ	キュル	タルギ
과일	사과	귤	딸기

ブドウ	スイカ	梅	桃
ポド	スバッ	メシル	ポッスンア
포도	수박	매실	복숭아

韓国の白菜は、日本の白菜に比べて水分が少ない。この水分量の少なさがキムチ作りに向いているのだ

テイクアウト屋台
完全シミュレーション

WHAT IS 『テイクアウト屋台』

テイクアウト屋台は、軽食を売っている移動式の屋台のこと。明洞では、毎日16時ごろになると、メインストリートの両サイドにずらりと屋台が並ぶ。ショッピングの合間に小腹が減ったら、テイクアウト屋台で食べ歩きをするのもいいかもしれない。

注文

おばさん！
イモ
이모！

アジョシ
아저씨　　**おじさん**

チョギョ
저기요　　**すみません**

これはいくらですか？
イゴ　オルマエヨ
이거 얼마예요?

それはいくらですか？
クゴ　オルマエヨ
그거 얼마예요?

 指さしてください
ソンカラグロ　カリキョ　ジュセヨ
손가락으로 가리켜 주세요.

| 1000W | 1500W | 2000W | 2500W |
| 3000W | 3500W | 4000W | |

辛いですか？
メウォヨ
매워요?

注文

これ（指さす）ひとつください。
이거 하나 주세요.
(イゴ ハナ ジュセヨ)

屋台メニューはP.62

たくさん入れてください。
많이 넣어 주세요.
(マニ ノオ ジュセヨ)

会計

3000Wです。
3000원입니다.
(サムチョヌォニムニダ)

は〜い。
네~.
(ネ)

お金は直接手渡すことも、屋台のBOXに入れることもある

受け取り

できたてを渡してもらえる！

どうぞ。
드세요.
(トゥセヨ)

熱いですよ。気を付けてください。
뜨거워요. 조심하세요.
(トゥゴウォヨ チョシマセヨ)

好きなソースをかけてください。
좋아하는 소스 치세요.
(チョアハヌン ソス チセヨ)

包んでもらえますか？
포장할 수 있을까요?
(ポジャンハル ス イッスルカヨ)

ゴミはどこに捨てればいいですか？
쓰레기는 어디에 버리면 돼요?
(スレギヌン オディエ ポリミョン テヨ)

ティッシュありますか？
휴지 있나요?
(ヒュジ インナヨ)

置いていないところも多いので持参するのが安心！

EAT / 焼き肉 / 麺・スープ / ご飯 / 鍋 / その他 / お茶・スイーツ

テイクアウト屋台は各地にある。明洞以外では、仁寺洞、梨大、新村など観光地や大学の近くに多く見られる

イートイン屋台
完全シミュレーション

WHAT IS 『イートイン屋台』

着席して食べられるスタイルのイートイン屋台。代表格は鍾路5街駅にある「広蔵市場（クァンジャンシジャン／광장시장）」。市場内はエリアごとにメニューが分かれており、地元の人や観光客でにぎわう。韓国のパワーを感じられる屋台に座って乾杯しよう！

着席

屋台の呼び込みのかけ声
食べていって～。
モッコ カ
먹고 가~.

ここに座っていいですか？
ヨギ アンジャド テヨ
여기 앉아도 돼요?

注文

おばさん！
イモ
이모!

何がおいしいですか？
モガ マシッソヨ
뭐가 맛있어요?

屋台にはメニューが目の前に並んでいるので、おすすめは指さしてもらえる

辛くないの ありますか？
アン メウン ゴ イッソヨ
안 매운 거 있어요?

カッ マンドゥン ゴ
갓 만든 거 できたての

辛いですか？
メウォヨ
매워요?

注文

そんなに辛くないですよ。
별로 맵지 않아요.
(ピョロ メプチ アナヨ)

これ(指さす)1つください。
이거 하나 주세요.
(イゴ ハナ ジュセヨ)

맥주 ビール	소주 焼酎
(メッチュ)	(ソジュ)
사이다 サイダー	콜라 コーラ
(サイダ)	(コルラ)

屋台メニューはP.62

たっぷり入れてください。
많이 넣어 주세요.
(マニ ノオ ジュセヨ)

お箸をください。
젓가락 주세요.
(チョッカラッ ジュセヨ)

앞접시 取り皿	물 水	컵 コップ
(アプチョプシ)	(ムル)	(コプ)

持ち帰り

持ち帰り用にしてください。
포장해 주세요.
(ポジャンヘ ジュセヨ)

会計

会計してください。
계산해 주세요.
(ケサネ ジュセヨ)

会計は座席で。現金のみOKなので、事前に1万W札を用意しておこう

価格はメニューによるが、5000〜1万W程度

5000Wです。
5000원입니다.
(オチョヌォニムニダ)

ごちそうさまでした。
잘 먹었어요.
(チャル モゴッソヨ)

EAT / 焼き肉 / 麺・スープ / ご飯 / 鍋 / その他 / お茶・スイーツ

3号線景福宮駅が最寄りの「通仁市場」には、好きなおかずを組み合わせられる「お弁当カフェ」がある

屋台メニューカタログ

これください。 イゴ ジュセヨ
이거 주세요.

指さしながら注文しよう

屋台で食べられる定番メニューをご紹介。テイクアウト屋台に多いもの、イートイン屋台に多いもの、どちらにも置いてあるものもあり。

IN イートインに多い　　**OUT** テイクアウトに多い

IN

ユッケ
육회
ユッケ

生の牛肉をごま油、千切りの梨、生卵とあえて食べる

OUT

ホットッ
호떡
ホットク

モチモチの生地の中にナッツや黒糖を入れて揚げ焼きしたもの

IN **OUT**

オデン
오뎅
オデン

魚のすり身をスープで煮たもの。スッキリとした味

IN **OUT**

トッポッキ
떡볶이
トッポッキ

甘辛タレであえた餅。あとからじわじわ辛みが口に広がる

IN **OUT**

スンデ
순대
スンデ

韓国版腸詰め。牛の血のかたまりや春雨が入っている

OUT

フェオリカムジャ
회오리감자
トルネードポテト

ジャガイモ1個をらせん状にカットし、くるくると伸ばして揚げたもの

オッスス
옥수수
とうもろこし

OUT 日本と少し異なるモチモチとした食感が特徴。フレーバーの粉をかけてあるものも

チュロス
츄로스
チュロス

OUT 食べ歩きメニューのニューフェイス。チョコレートに付けて食べるスタイルが多い

クンバム
군밤
焼き栗

OUT 栗をホクホクに焼いたもの。屋台からは香ばしい匂いが漂ってくる

チンパン
찐빵
蒸しパン

IN **OUT** 韓国版蒸しパン。生地は肉まんの皮と似ている。肉が入っていたりあんこが入ったものなどもある

パッチュッ **팥죽** あずき粥	ノッドゥ ビンデトッ **녹두 빈대떡** 緑豆チヂミ
あずきのお粥。甘みはなく、塩を入れて食べる。白玉入り	緑豆で作ったチヂミ。しょうゆ風味のタレで食べる

ケランパン **계란빵** ケランパン	クッス **국수** ククス
ホットケーキミックスのような生地に卵がまるまる1個入っている	手打ちうどん。ダシの効いた澄んだスープがクセになる

キムパブ **김밥** キンパ	ソ セジ トッカルビ **소세지 떡갈비** ソーセージ＆トッカルビ
屋台のキンパは細いものが多い。タレに付けて食べる	いろいろな味のウインナーと、トッポッキを肉で巻いたものの串焼き

ソンニュ ジュス **석류 주스** ザクロジュース	レインボウ **레인보우** ソムサタン **솜사탕** レインボーわたあめ
甘酸っぱいザクロをその場でジュースにしてくれる	カラフルなグラデーションのジャンボサイズのわたあめ

ハッドグ **핫도그** アメリカンドッグ	「ホットドッグ」という名前だが、日本のアメリカンドッグと同じメニュー。生地は甘め	ハッパ **핫바** 練り物の揚げ物	魚介類の練り物を串にさしてあげたメニュー。日本のさつま揚げに似た味わい
プノオパン **붕어빵** たい焼き	魚の形の皮の中にあんこが入ったおやつ。「プンオ／붕어」は鯛ではなく、フナのこと	クルタレ **꿀타래** クルタレ	伝統お菓子で、きな粉やクルミに糸状にした飴を巻いたもの。「龍のひげ飴」とも呼ばれる

広蔵市場のイートイン屋台は10:00～23:00まで。24時間営業ではないので、早めに足を運ぶのが吉

ファストフード
完全シミュレーション

WHAT IS 『韓国ファストフード』

韓国にもファストフードのグローバルチェーンは存在する。ハンバーガーチェーン店で最も多いのはロッテリア。各店は定番のハンバーガーのほかに韓国らしい「韓牛バーガー」といったメニューも取り揃えている。注文方法は日本とほぼ同じなので安心。

入店

いらっしゃいませ。
オソ オセヨ
어서 오세요.

注文

セットメニューはありますか？
セトゥ メニュー イッソヨ
세트 메뉴 있어요?

> セットメニューには番号やアルファベットがふられていることも多く、外国人にも優しい

ハンバーガー と コーラ をください。
ヘムボゴ ハゴ コルラ ジュセヨ
햄버거하고 콜라 주세요.

チジュボゴ 치즈버거	チーズバーガー
プルゴギボゴ 불고기버거	プルコギバーガー
グリルボゴ 그릴버거	てり焼きバーガー

> 「フライドポテト」は通じない

プレンチ プライ 프렌치 프라이	ポテト
チキン ノゲッ 치킨 너겟	チキンナゲット
オレンジ ジュス 오렌지 주스	オレンジジュース
コピ 커피	コーヒー
ホンチャ 홍차	紅茶

注文

コーラのサイズはどうしますか？
コルラヌン オヌ サイジュロ ハルカヨ
콜라는 어느 사이즈로 할까요?

Mサイズをください。
エム サイジュロ ジュセヨ
M사이즈로 주세요.

エス	
S	S
エル	
L	L

ケチャップはお付けしますか？
ケチョブン ピリョ ハシムニカ
케첩은 필요하십니까?

キョジャヌン	
겨자는	マスタードは
シロブン	
시럽은	シロップは
ミルクヌン	
밀크는	ミルクは

こちらでお召し上がりですか？
ヨギソ トゥシムニカ
여기서 드십니까?

**はい。
／持ち帰ります。**
ネ
네.
カジョ ガルケヨ
／가져 갈게요.

会計

7000Wです。
チルチョヌォニムニダ
7000원입니다.

EAT

焼き肉

麺・スープ

ご飯

鍋

その他

お茶・スイーツ

韓国お食事処あれこれ

\これで迷わない!/

レストランの看板には、そのお店のことが分かるヒントが満載!
どこで食べよう……と迷ったら看板に注目すべし!

看板の読み方

看板の「決まり文句」が読めるようになると、
おいしいお店を見つけられるかも!

キムチチゲ　店名

専門店
チョンムンジョム
전문점
一つのメニューにこだわって提供してる証拠

漢字表記の場合も

ウワサの店
ソムンナン チブ
소문난 집
クチコミで人気であることを示している

全メニュー持ち帰りできます
チョン メニュ ポジャンテムニダ
전 메뉴 포장됩니다
テイクアウトOKの店にはこの表示があることも

店名　　　　　　　　　　　　タッカンマ

元祖
ウォンジョ
원조
同じ種類の料理を扱う店が周辺に多い場合、「元祖」と名乗っているところが安心だと示している

24時間営業
イシブサシガン ヨンオブ
24시간 영업
「24H」と英語表記の場合もあり

韓国料理
ハングウムシッチョム
한국음식점

店名

狎鴎亭店
アプクジョンジョム
압구정점

「○○店」の「店」は「점／ジョン」と表記される

グローバルチェーンもちょっと違う

グローバルチェーンの呼び方や略し方も、日本と韓国では少し違うのがおもしろい。ソウルっ子風に言ってみよう！

マクドナルド
メッドノルドゥ
맥도널드

略し方は関西風（マクド）

略して
メッド
맥도

31アイスクリーム
ベスキンラビンス
배스킨라빈스

「サーティーワン」だと通じない

略して
ベスキン
배스킨

ケンタッキーフライドチキン
ケイエプシ
케이에프시

「KFC」をハングル読み

24時間営業の店が多いのは、東大門、鍾路、江南、新村エリア。明洞の飲食店は23時頃で閉まってしまう

伝統茶
完全シミュレーション

WHAT IS 『伝統茶』

韓国で古くから親しまれているお茶。さまざまな薬草や果物を、シロップに漬けたものをお湯や水で溶いて飲む。健康や美容にもよく、お茶ごとに多様な健康・美容効果が期待できる。甘みのあるものが多く、伝統のお菓子「韓菓(ハングァ)」と共にいただくのが主流。

入店

いらっしゃいませ。
オソ オセヨ
어서 오세요.

 (2人です) 〔指で示す〕

窓際の席にしてください。
チャンガチョッ チャリロ ヘ ジュセヨ
창가쪽 자리로 해 주세요.

テラス席にしてください。
テラス チャリロ ヘ ジュセヨ
테라스 자리로 해 주세요.

こちらへどうぞ。
イッチョグロ オセヨ
이쪽으로 오세요.

注文

 日本語メニューをください。
イルボノ メニュパン ジュセヨ
일본어 메뉴판 주세요.

 このお茶は甘いですか?
イ チャヌン タラヨ
이 차는 달아요?

注文

甘いです。
タラヨ
달아요.

シオヨ
시어요 酸っぱいです

チョグム ソヨ
조금 써요 少し苦いです

このお茶には
どんな効果がありますか？
イ チャエヌン オットン ヒョグァガ イッソヨ
이 차에는 어떤 효과가 있어요?

生理不順に効果があります。
センリ ブルス ネ ヒョグァガ イッスムニダ
생리 불순에 효과가 있습니다.

ダイオトゥ 다이어트	ダイエット	ピブ 피부	肌
ソファ チョッジン 소화 촉진	消化促進	ヌン 눈	目
カムギ イェバン 감기 예방	風邪予防	モ ゲ トンチュン 목의 통증	喉の痛み

柚子茶と五味子茶をください。
ユジャチャハゴ オミジャチャ ジュセヨ
유자차하고 오미자차 주세요.

メニュー
一覧
P.70

ホットになさいますか？
／アイスでよろしいですか？
タットゥッタン ゴルロ ハ シ ゲッソヨ
따뜻한 걸로 하시겠어요?
チャガウン ウムニョ マジュセヨ
／차가운 음료 맞으세요?

ホット(温かいもの)をください。
タットゥッタン ゴ ジュセヨ
따뜻한 거 주세요.

EAT

焼き肉

麺・スープ

ご飯

鍋

その他

お茶・スイーツ

日本では茶道などのマナーがあるが、韓国では特になし。お菓子と一緒に自由にいただいてOK

これください。 이거 주세요.
(イゴ ジュセヨ)

指さしながら注文しよう
伝統茶メニューカタログ

その他のドリンクメニュー
お酒 P.52
カフェ P.76

伝統茶

ユジャチャ
유자차
柚子茶
ビタミンCが豊富で、食欲を抑える働きもある

テチュチャ
대추차
ナツメ茶
ビタミン、ミネラル、鉄分が豊富で老化防止に

オミジャチャ
오미자차
五味子茶
甘・苦・酸・塩・苦という5つの味が混ざっている

メシルチャ
매실차
梅茶
黒糖と一緒に漬けてあるので酸味は穏やか

ククァチャ
국화차
菊花茶
お湯を入れると菊の花が開く。見た目にも楽しい

モグァチャ
모과차
カリン茶
カリンをハチミツで漬けたものをお湯や水で割る

サンファチャ
쌍화차
サンファ茶
ほろ苦くて爽やかな味。疲労や眠りが浅いときに

タングィチャ
당귀차
当帰茶
生薬である当帰を使ったお茶。婦人科系の悩みに

シッケ
식혜
シッケ
もち米と麦芽を発酵させ、砂糖やショウガをプラス

インサムチャ
인삼차
人参茶
滋養強壮効果の高い高麗人参のお茶。香り高い

スジョングァ
수정과
水正果
ショウガやシナモン、干し柿などが入っており甘い

ケピチャ 계피차 **桂皮茶** シナモンのお茶。血行をよくするので冷え性の人にぴったり	センガンチャ 생강차 **ショウガ茶** ショウガのピリッとした刺激がある。体を温める効果あり	オッススチャ 옥수수차 **トウモロコシ茶** レストランなどで無料で出てくることも多い定番のお茶	ノッチャ 녹차 **緑茶** 日本と同様、緑茶も飲まれている。スイーツなどにも用いる	ペチャ 배차 **梨茶** 梨の爽やかな甘みを味わえる。アイスがおすすめ

70

HOT	ICE
ハッ / タットゥタン ゴ	アイス / チャガウン ゴ
핫 / 따뜻한 거	아이스 / 차가운 거

韓菓

トッ
떡
餅
中にはごま餡が入っているものが多い

モドゥマングァ
모둠한과
韓菓盛り合わせ
油菓と薬菓が一緒になっていることが多い

ユグァ
유과
油菓
餅米を揚げたもの。香ばしい味わい

ヤックァ
약과
薬菓
小麦粉とハチミツなどを混ぜて揚げたもの

カンジョン
강정
おこし
ごまや木の実などを水あめで固めたおこし

タシッ
다식
茶食
きな粉などをハチミツで練り、型抜きしたもの

ペッソルギ
백설기
蒸し餅
うるち米に塩と砂糖を加えて蒸した餅

ヨッ 엿 **あめ**	もち米やトウモロコシなど、穀物を使って作ったあめ	
ソンピョン 송편 **ソンピョン**	中にはごま餡などが入っている、秋夕に食べる餅	
インジョルミ 인절미 **インジョルミ**	粘りのある餅を四角く切り、きな粉をまぶしたもの	

餅は韓国人にとって身近な存在。大型マートやデパ地下で購入可能。また、街の中にも餅専門店がある

カフェでピンス
完全シミュレーション

> **WHAT IS**　『韓国カフェ』
>
> 韓国にはカフェのチェーン店が多数あり、コンビニの数よりも多いと言われるほどだ。内装が凝っており、チェーン店とは思えないほど。ゆっくり時間を過ごすには最適の空間だ。メニューも多種多様で、ピンス（かき氷）やケーキなどデザートも充実している。

入店

いらっしゃいませ。
○○コーヒーです。
オソ　オセヨ　　○○コピイムニダ
어서 오세요. ○○커피입니다.

注文

イチゴピンスと
アメリカン2つください。
タルギピンスラン
딸기빙수랑
アメリカノ　ドゥゲ　ジュセヨ
아메리카노 두개 주세요.

メニュー一覧 P.76

ホットとアイスどちらになさいますか？
ハッタゴ　アイス　オヌッ　チョグロ　ハゲッスムニカ
핫하고 아이스 어느 쪽으로 하겠습니까?

温かい(ホット)のをください。
タットゥッタン　ゴ　ジュセヨ
따뜻한 거 주세요.

チャガウン
차가운 冷たい(アイス)

こちらでお召し上がりですか？
ヨギソ　トゥシムニカ
여기서 드십니까?

| 注文 |

はい。
／持ち帰ります
（テイクアウトします）。
ネ
네.
カジョカルケヨ
／가져갈게요.

ピンスもテイクアウトできるお店が多数！

マグカップで出してよろしいですか？
モグ ジャヌロ ヘド テルカヨ
머그 잔으로 해도 될까요?

はい。
／いえ、紙カップでお願いします。
ネ
네.
アニヨ チョンイコプロ ジュセヨ
／아니요, 종이컵으로 주세요.

セットのメニューはありますか？
セトゥ メニュヌン イッソヨ
세트 메뉴는 있어요?

| 会計 |

15000Wです。
マノチョヌォニムニダ
15000원입니다.

振動ベルが鳴ったら取りに来てください。
チンドン ベリ ウルリミョン チャジュロ オセヨ
진동 벨이 울리면 찾으로 오세요.

| 受け取り |

振動ベルが鳴ったらベルを持ってカウンターへ

おいしく召し上がってください。
マシッケ トゥセヨ
맛있게 드세요.

EAT／焼き肉／麺・スープ／ご飯／鍋／その他／お茶・スイーツ

チェーン系のカフェには喫煙ルームがあることも。ただし、椅子がなかったりと長居はできない

受取

これは注文していません。
イゴスン チュムナジ アナッソヨ
이것은 주문하지 않았어요.

スプーンを2つください。
スッカラッ トゥゲ ジュセヨ
숟가락 두개 주세요.

ナプキンをもっとください。
ヒュジ ド ジュセヨ
휴지 더 주세요.

お願い

**スリーブ（ホルダー）を
もう1個つけてください。**
ホルド ハナ ド ジュセヨ
홀더 하나 더 주세요.

韓国のアメリカーノは本当に熱い！

喫煙室はどこですか？
フビョンシルン オディエヨ
흡연실은 어디예요?

カフェには喫煙ブースがあることも

トイレはどこですか？
ファジャンシルン オディエヨ
화장실은 어디예요?

How to コーヒーのカスタマイズ

日本と同様、韓国のカフェでもドリンクのトッピングをカスタマイズできることがある。自分好みの味わいに仕上げてみるのも楽しい。

○○をのせてください。
○○ オルリョ ジュセヨ
○○올려 주세요.

○○を追加してください。
○○ チュガヘ ジュセヨ
○○추가해 주세요.

○○に変えてください。
○○ルル パックォ ジュセヨ
○○를 바꿔 주세요.

シロプ 시럽	シロップ
ノトゥ 너트	ナッツ
トゥユ 두유	豆乳
フィピン クリム 휘핑 크림	ホイップクリーム
ケピ カル 계피 가루	シナモンパウダー

74

WHAT IS 『韓国カフェ事情』

韓国はチェーン系のカフェや、個人経営のカフェが多く、とても身近な存在。
のんびりするにも時間つぶしにも活用できる、カフェの最新事情をお届け。

事情 1　デザート進化中

以前は韓国のデザート、特にケーキはバタークリームを使ったものが主流で、日本人からするとあまりおいしいとは思えなかった。しかし、現在ではクオリティが劇的に向上。ビジュアルもかわいらしく、個性的なものが多い。

事情 2　充電できる！

カフェの座席の下などには電源プラグがあり、充電ができるようになっている。旅行中に携帯電話の電池がピンチになったときなどに駆け込める心強い存在。ちなみに電圧が日本とは異なるので、変圧プラグを持参しよう。

事情 3　Wi-Fiあり

カフェでは無料のWi-Fi環境が整っていることがほとんど。パスワードを入力すれば誰でも使えるので、活用したい。

＜パスワードはここをCheck＞

 レシートの中

レシートの中にWi-Fiパスワードが記載されていることがあるので、捨てずに確認してみよう

レジ付近

レジ付近や、ミルクや砂糖を置いてあるカウンター付近などに看板が出ていることがあるのでチェック

＜わからなければ聞いてみよう＞

Wi-Fiのパスワードを入力してください。

ワイパイ　ビミルボノ
Wi-Fi 비밀번호
イムリョケ　ジュセヨ
입력해 주세요.

携帯電話のWi-Fi画面を見せながら

カフェなどでかわいらしく盛り付けされたピンス。ぐしゃぐしゃに混ぜてから食べるのが韓国流

これください。 이거 주세요.

指さしながら注文しよう
カフェメニューカタログ

ピンス（かき氷）

パッピンス
팥빙수
あずきピンス

「パッ」とはあずきのこと。
氷はミルク味

クァイルピンス
과일빙수
果物ピンス

果物がたっぷりのったピンス。
さっぱりしていて夏向き

タルギピンス
딸기빙수
イチゴピンス

冬になると各店が
競うようにイチゴピンスを出す

ノッチャピンス
녹차빙수
抹茶ピンス

抹茶味は韓国でも人気。
甘さひかえめで食べやすい

ドリンク類

	コピ **커피** コーヒー	ドゥリプコピ **드립커피** ドリップコーヒー	オヌレ コピ **오늘의 커피** 本日のコーヒー	その他のドリンクメニュー お酒 P.52 伝統茶 P.70
アメリカノ **아메리카노** アメリカン	エスプレソ **에스프레소** エスプレッソ	カペラッテ **카페 라떼** カフェラテ	カペ モカ **카페 모카** カフェモカ	ケロメル マキアト **캬러멜 마키아토** キャラメルマキアート
コグマ ラッテ **고구마 라떼** サツマイモラテ	ホンチャ **홍차** 紅茶	ミルクティ **밀크티** ミルクティー	ホプティ **허브티** ハーブティー	スムディ **스무디** スムージー	ジュス **주스** ジュース

ケーキ

ヨゴトゥケイク
요거트케이크
ヨーグルトケーキ
レアチーズのような味わい

チョコルリッケイク
초콜릿케이크
チョコレートケーキ
濃厚なチョコの風味を楽しむ

チジュケイク
치즈케이크
チーズケーキ
ベイクドチーズが主流

エプル パイ
애플 파이
アップルパイ
たっぷりのりんご入り

タルトゥ
타르트
タルト
さまざまなフルーツがON

その他　　　**アイス**

ワブル
와플
ワッフル

タルギ アイスクリム
딸기 아이스크림
イチゴアイス

ヨゴトゥ アイスクリム
요거트 아이스크림
ヨーグルトアイス

コブ ケイク
컵 케이크
カップケーキ

チョコルリッ アイスクリム
초콜릿 아이스크림
チョコレートアイス

ノッチャ アイスクリム
녹차 아이스크림
抹茶アイス

韓国の「ワッフル」は、ベルギーワッフルではなく外はカリカリ、中はふわふわの食感のものが主流

ハレ's advice　"おごってください"というニュアンスあり

「ごちそうさま」はちょっと注意が必要なんだ。一緒に食事をしている人に向かって「ごちそうさまでした」と言うとそれは「おごってください」と"タカって"いるようなニュアンスになってしまうよ。実際ごちそうしてくれた人には使ってOKなんだけどね！

お店の人に「ごちそうさま」と伝えるのは、こちらがお金を払ってごちそうしてもらっているからOK。「ご苦労さまです（スゴハセヨ／수고하세요）」でも

一緒に食事した人に向かって会計前に言ってしまうと、「おごってください」というニュアンスが大きくなる。特に女性→男性、目下の人→目上の人は注意

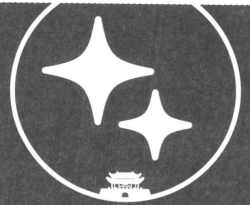

ハレ旅会話
in
ソウル
韓国語

BEAUTY

- P.82 アカスリ
- P.84 チムジルバン
- P.90 エステ&マッサージ
- P.98 ネイルサロン

基本フレーズ

基本フレーズを押さえて、目指せ韓国美人！

感想フレーズ

気持ちいい！
シウォネ
시원해！

痛いです。
アパヨ
아파요.

もっと強くて大丈夫です。
ト カンハゲ ヘド ケンチャナヨ
더 강하게 해도 괜찮아요.

ちょうどいいです。
タッ チョアヨ
딱 좋아요.

力が強すぎます！
ヒム ノム カンヘヨ
힘 너무 강해요!

いてっ！
アヤ
아야！

ヒリヒリします。
タガウォヨ
따가워요.

気分が悪くなりました
キブニ アン チョア ジョッソ
기분이 안 좋아 졌어요

寒いです。
チュウォヨ
추워요.

暑いです。
トウォヨ
더워요.

質問フレーズ

これはどんな効果が
ありますか？
イゲ オットン ヒョグァガ
이게 어떤 효과가
インナヨ
있나요?

敏感肌ですが
大丈夫ですか？
ミンガムピブインデ
민감피부인데
ケンチャナヨ
괜찮아요?

更衣室はどこですか？
タルリシル オディエヨ
탈의실 어디예요?

生理中ですが大丈夫ですか？
センニチュンインデ ケンチャナヨ
생리중인데 괜찮아요?

これは買って帰れますか？
イゴ サガル ス インナヨ
이거 사 갈 수 있나요?

荷物はどこに
置けばいいですか？
チムン オディエ
짐은 어디에
ドゥミョン テヨ
두면 돼요?

下着まで全部
脱ぎますか？
ソゴッカジ タ
속옷까지 다
ボスルッカヨ
벗을까요?

予約していないの
ですが大丈夫ですか？
イェヤッ ア ネンヌンデ
예약 안 했는데
ケンチャナヨ
괜찮아요?

トイレは
どこですか？
ファジャンシリ
화장실이
オディエヨ
어디예요?

BEAUTY

アカスリ

チムジルバン

エステ&マッサージ

ネイルサロン

「気持ちいい」は「シウォネ／시원해」というが、「涼しい、サッパリ」などと言うときにも使える

アカスリ(汗蒸幕施設)
完全シミュレーション

WHAT IS 『アカスリ(汗蒸幕施設)』

アカスリとは、専用のたわしで体をこすり、アカを落とす施術のこと。たいていは、汗蒸幕施設やチムジルバンなどの大浴場で受けることができる。施術は全裸で行われる。終わったあとはツルピカ肌になれるかも！ 汗蒸幕施設は日本語がOKなところも多く安心。

予約

はい、○○です。
○○ イムニダ
○○입니다.

日本語できる方はいらっしゃいますか？
イルボノ ハシヌン ブン ケセヨ
일본어 하시는 분 계세요?

ほとんどが日本語OKなので日本語で予約！

当日受付

予約した佐藤晴子です。
イェヤッカン サト ハルコ イムニダ
예약한 사토하루코입니다.

予約していないのですが大丈夫ですか？
イェヤッ ア ネンヌンデ ケンチャナヨ
예약 안 했는데 괜찮아요?

基本コースをお願いします。
キボンコス プタケヨ
기본코스 부탁해요.

オプションで マッサージ もお願いします。
オプショヌロ マサジド プタケヨ
옵션으로 마사지도 부탁해요.

ジャフン 좌훈 ヨモギ蒸し	ブハン 부항 カッピング
ソムトルポプキ 솜털뽑기 うぶ毛取り	カッチルジェゴ 각질제거 角質除去

当日受付

オプションはいりません。
オプショヌン ピリョ オプソヨ
옵션은 필요 없어요.

更衣室はどこですか？
タルリシル オディンガヨ
탈의실 어딘가요?

トイレはどこですか？
ファジャンシル オディンガヨ
화장실 어딘가요?

施術

うつぶせになってください。
オプトゥリセヨ
엎드리세요.

あおむけになってください。
パロ ヌウセヨ
바로 누우세요.

（ちょっと）痛いです。
チョム アパヨ
(좀) 아파요.

施術はかなり力強いこともあるので、痛いときはすぐに伝えるようにする

もう少し弱めてください。
チョグム ド ヤッカゲ ヘ ジュセヨ
조금 더 약하게 해 주세요.

もう少し強めてください。
チョグム ド セゲ ヘ ジュセヨ
조금 더 세게 해 주세요.

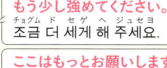

ここはもっとお願いします。
ヨギヌン チョム ド ヘ ジュセヨ
여기는 좀 더 해 주세요.

ここは触らないでください。
ヨギヌン マンジジ マセヨ
여기는 만지지 마세요.

仕上げのシャンプーは有料のことも。「チュガヨグミ ピリョヘヨ/추가요금이 필요해요?」で確認

チムジルバン
完全シミュレーション

WHAT IS 『チムジルバン』

チムジルバンとは、韓国版スーパー銭湯。サウナや浴場のほか、マッサージを受けられたり、食堂で食事をしたり、ネイルアートなどができる施設も。サウナ利用と入浴だけなら入場料のみでOK。相場は2万W程度とリーズナブル。浴場以外は男女兼用の施設が多い。

週末の夜、特に22時頃は汗蒸幕が混みやすい。アカスリも待ち時間が長くなるので少しずらすのがベター

これお願いします。 이거 부탁합니다.
_{イゴ ブタカムニダ}

指さしながら注文しよう
汗蒸幕施設&チムジルバン メニューカタログ

テミリ
때밀이
アカスリ

専用のたわしで体をこすり、アカを落とす施術。施術後は乾燥するのでローションなどで保湿するのがおすすめ

ジャフン
좌훈
ヨモギ蒸し

韓国では「座薫」と呼ばれる。ヨモギをはじめとしたハーブを蒸し、その蒸気を下半身に当てて体を温める

プハン
부항
カッピング

背中やお腹に真空状態のカップをはり付ける施術。血液やリンパの流れを促進し、肩こりなどにアプローチ

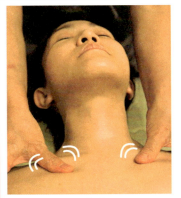

マサジ
마사지
マッサージ

全身マッサージのほか、上半身、下半身、フットマッサージなど部位別に特化したコースもある

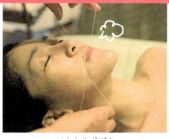

ソムトルポプキ
솜털뽑기
うぶ毛取り
糸を使って顔のうぶ毛を取る施術。角質ケアの効果もあり、化粧水の吸収や化粧のノリがよくなる

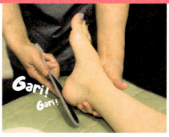

カッチルジェゴ
각질제거
角質除去
専用のやすりを使って、固くなったかかとや足の裏の角質を削る。保湿のパックをしてくれるところも

モドゥペッ
머드 팩
泥パック
ミネラルが豊富に含まれた泥のパックを体に塗り、乾燥させたあとに洗い流す

シャムプ
샴푸
シャンプー
アカスリのオプションで付いてくることが多いメニュー。アジュンマ（おばさん）の力強い施術が特徴

オイ ペッ
오이 팩
キュウリパック
肌の鎮静と水分補給のために、すりおろしたキュウリを顔全体にのせる。アカスリの仕上げメニューの定番

ネイルアトゥ
네일아트
ネイルアート
チムジルバンでは、ネイルアートのオプションがあるところも多数。シンプルなデザインが主流

オプションの支払いは、受付またはその場。「ヨグムン オンジェ ネヨ／요금은 언제 내요?」で確認

BEAUTY

アカスリ｜チムジルバン｜エステ&マッサージ｜ネイルサロン

87

コリアン美人

読めば快晴
ハレ旅 Study

韓国女子の「美」へのあくなき探究心

韓国では「クァンリ(관리)」という言葉がある。「管理」という意味で、「体型管理」「皮膚管理」といったように使われる。肌や体型を美しい状態でキープする、その概念が単語として存在しているのだ。

肌が荒れている人は「皮膚管理がきちんとできていない人＝自己管理すらきちんとできない人」とみなされてしまう。そうならぬよう新しい化粧品が常に開発され、美容医療も進んでいる。

アートメイクや二重手術、歯並びの矯正なども気軽に行われる。江南エリアは整形外科が集中しており、駅にはデカデカと整形のビフォーアフターの看板広告が連なっている。

右にある韓国独自の言葉も、美容文化が根づいた韓国ならではのものだと言える。

もてはやされるのはこんな人!

顔

顔がきれい
=
オルチャン
얼짱
「顔が最高(オルグル チャン／얼굴 짱)」の略。2000年はじめに流行し、今や定番になった造語

シュッとしたフェイスライン
=
ブイライン
V라인
顎のラインがアルファベットの「V」のようにシャープになっている状態

髪

黒髪ロングストレート
=
キン センモリ
긴 생머리
「長くて染めていない黒髪」のことを指す。韓国男子の永遠のあこがれ

スタイルのバランス(体つき)が最高
=
モムチャン
몸짱
「体(モム／몸)が最高(チャン／짱)」という意味。韓国では体つき自体のことは「モンメ／몸매」という

体型

ウエストがキュッと締まっているナイスバディ
=
エスライン
S라인
くびれが美しい体型が、アルファベットの「S」のようなのでSラインという

88

顔 皮膚科・美容外科は身近

日本人の場合、皮膚の大きなトラブルなどがないと皮膚科には行かないことが多いが、韓国ではもっと気軽に皮膚科を利用する習慣がある。また、美容整形も気軽にする人が多い。整形に関するワードは、慣用的な表現を用いるのが興味深い（右のキーワード参照）。

Keyword

二重にする（まぶたをつまむ）
ヌヌル チプタ
눈을 집다

鼻を高くする（鼻を立てる）
コルル セウダ
코를 세우다

フェイスラインを整形する（顎を削る）
トグル カッタ
턱을 깎다

髪 髪型いろいろ

韓国でのテッパンヘアスタイルは黒髪ストレート。髪を染めていない人が日本より多い。ヘアスタイルやヘアアレンジにはさまざまな名称があり、比喩的な表現が用いられる。男性も黒髪が多く、パーマをかけている人は少数派だ。

Keyword

おだんご
トンモリ
実はトンとは「うんち」のこと

おかっぱ
タンバルモリ
前髪を厚めにするのが人気

ちょんまげ
サグァモリ
サグァ（リンゴ）のヘタのような見た目に由来

マッシュルームヘア
パガジモリ
ひょうたんを半分に割ったひしゃく（パガジ）に由来

体型 ダイエットは評価される!?

ダイエットは「体型管理」の一環であり、一生懸命ダイエットする人は評価される。ジム（韓国ではヘルス／헬스という）に通ったり、漢江沿いを走ったり、地道に運動する人もかなり多い。韓方医院などでダイエットプログラムもあり、韓方の力を借りることもある。

Keyword

やせる
サリ パジダ
살이 빠지다

太る
サルチダ
살찌다

太っている
トゥントゥンハダ
뚱뚱하다

痩せている
ナルシナダ
날씬하다

体重
モムムゲ
몸무게

ダイエットする
ダイオトゥハダ
다이어트하다

BEAUTY / アカスリ / チムジルバン / エステ＆マッサージ / ネイルサロン

芸能人が整形を告白するケースも多い。整形前の写真「過去写真（과거사진／クァゴサジン）」が流出することも

エステ＆マッサージ
完全シミュレーション

WHAT IS 『韓国エステ・マッサージ』

美容大国韓国は、エステやマッサージ店が多い。価格はクイックマッサージなら4万W程度、高級エステだと10万W超えと幅があるが、おおかた日本よりもコスパがよい。韓方成分を使ったエステや、さまざまな道具を使うマッサージなど多種多様なジャンルがある。

予約

○○です。
○○ イムニダ
○○입니다.

 日本語できる方はいらっしゃいますか？
イルボノ ハシヌン ブン ケセヨ
일본어 하시는 분 계세요?
→いたら日本語で予

 予約したいのですが。
イェヤグル ハゴ シプンデヨ
예약을 하고 싶은데요.
エステは要予約のところが多い。マッサージは飛び込みもアリ

明日○時に2人です。
ネイル ○ シエ ドゥミョン ブタカムニダ
내일 ○시에 두 명 부탁합니다.
時間 P.197

かしこまりました。
アルゲッスムニダ
알겠습니다.

施術の希望

どのコースになさいますか？
オットン コスロ ハシゲッスムニカ
어떤 코스로 하시겠습니까?

 全身マッサージをお願いします。
ジョンシン マサジ ブタカムニダ
전신 마사지 부탁합니다.
メニュー P.94

90

施術の希望

女性のセラピストがいいです。
ヨソン テラピストゥガ チョアヨ
여성 테라피스트가 좋아요.

2人で同じ部屋で受けられますか？
ドゥ ミョン カットゥン バンエソ
두 명 같은 방에서
パドゥル ス イッソヨ
받을 수 있어요?

生理中なのですが大丈夫ですか？
センニチュンインデ ケンチャナヨ
생리중인데 괜찮아요?

リラックスできるよう話しかけないで(静かにして)ください。
リレックス ハル ス イッケ ジョヨンヒ ヘ ジュセヨ
릴렉스 할 수 있게 조용히 해 주세요.

当日

予約した佐藤晴子です。
イェヤッカン サトハルコイムニダ
예약한 사토하루코입니다.

予約していないのですが今から(2人)できますか？
イェヤッ ア ネンヌンデ
예약 안 했는데
チグムブト ドゥ ミョン ハル ス インナヨ
지금부터 두 명 할 수 있나요?

トイレに行ってもいいですか？
ファジャンシル カド テヨ
화장실 가도 돼요?

こちらへどうぞ。
イッチョグロ オセヨ
이쪽으로 오세요.

エステは事前予約が必要。コネスト(http://www.konest.com/)などから予約しておくのが安心

施術

こちらに着替えてください。
イゴルロ　カライブセヨ
이걸로 갈아입으세요.

着替えたら（準備できたら）呼んでください。
ジュンビテミョン　ブルセヨ
준비되면 부르세요.

着替え終わりました（準備できました）。
ジュンビテッソヨ
준비됐어요.

こちらに横になってください。
ヨギエ　ヌウセヨ
여기에 누우세요.

あおむけになってください。
バロ　ヌウセヨ
바로 누우세요.

うつぶせになってください。
オプトゥリセヨ
엎드리세요.

いかがですか？
オットスムニカ
어떻습니까?

少し寒いです（暑いです）。
チョム　チュウンデヨ　トウンデヨ
좀 추운데요(더운데요).

ちょっと痛いです。
チョム　アパヨ
좀 아파요.

もう少し強く（弱く）してください。
チョグム　ド　セゲ　ヤッカゲ　ヘ　ジュセヨ
조금 더 세게(약하게) 해 주세요.

ちょうどいいです。
タッ チョアヨ
딱 좋아요.

 ここは触らないでください。
ヨギヌン マンジジ マセヨ
여기는 만지지 마세요.

 水をください。
ムル チョム ジュセヨ
물 좀 주세요.

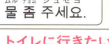

トイレに行きたいです。
ファジャンシル カゴ シプンデヨ
화장실 가고 싶은데요.

 気持ちよかったです。
シウォネッソヨ
시원했어요.

 さっき使った化粧品は買えますか？
アッカ サヨンハン ファジャンプムル サル ス インナヨ
아까 사용한 화장품을 살 수 있나요?

はい、買えます。
ネ サル ス イッソヨ
네, 살 수 있어요.

 この化粧品もください。
イ ファジャンプムド ジュセヨ
이 화장품도 주세요.

全部で15万Wです。
ハプケ シボマ ヌォニムニダ
합계 15만 원입니다.

 カードでお願いします。
カドゥロ ブタカムニダ
카드로 부탁합니다.

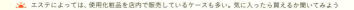
エステによっては、使用化粧品を店内で販売しているケースも多い。気に入ったら買えるか聞いてみよう

これお願いします。 이거 부탁합니다.
（イゴ プタカムニダ）

エステ＆マッサージ メニューカタログ

指さしながらお願いしよう

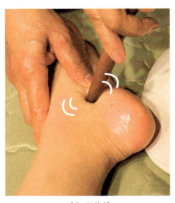

バル マサジ
발 마사지
足マッサージ

オールハンドで行う指圧から、かっさのような道具を使って足ツボを刺激する施術もある

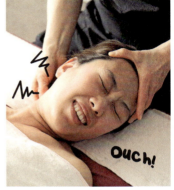

コルギ
골기
骨気

筋肉ではなく、骨を正しい位置に整えることで歪みを取る施術。かなり刺激的な痛さ

ハンバン エステティッ
한방 에스테틱
韓方エステ

東洋医学である「韓方」を使用したエステ。体の不調に合わせて使用する韓方を変えたりする

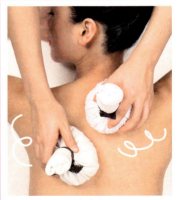

マサジ ボル
마사지 볼
マッサージボール

韓方が入ったボールを使ってマッサージする。血流が促進され、香りによるリラックス効果も得られる

94

ヘドゥスパ
헤드 스파
ヘッドスパ

頭皮をマッサージして血行を促進。頭皮の悩みや髪のダメージにアプローチする

チョプシ マサジ
접시 마사지
皿マッサージ

かっさのような、さまざまな形の皿を使って、リンパを刺激。パーツによって皿の種類を使い分ける

キョンラッ マサジ
경락 마사지
経絡マッサージ

東洋医学で気・血が循環する通り道を「経絡」と呼ぶ。そこを刺激することで不調にはたらきかける

ソッコ ペッ
석고 팩
石膏パック

美容液やクリームを肌に塗った上に、やわらかい石膏を塗り、成分やうるおいを閉じ込める方法

ジョンシン マサジ
전신 마사지
全身マッサージ

肩、背中、腰、お腹、腕、足など全身をくまなくマッサージするコース。施術時間は60分以上のコースが多い

サンチェ マサジ
상체 마사지
上半身マッサージ

背中、肩、腕などを中心に行う。肩こりや首のこりなどを重点的にケアしたい場合におすすめ

ハチェ マサジ
하체 마사지
下半身マッサージ

腰や足を中心に行うマッサージ。ショッピングで歩き疲れたときなどはこちらをセレクト

ペイショル
페이셜
フェイシャル

顔の施術のみに特化したマッサージやエステ。事前に肌などの悩みを伝えておくとよい

スポチュ マサジ
스포츠 마사지
スポーツマッサージ

道具やオイルなどを使わず、手による施術で筋肉の疲れを取るもの。30分程度の短いコースもあり

パラピン ペッ
파라핀 팩
パラフィンパック

美容成分が含まれたパラフィン(ロウ)のパック。手足を覆うことで代謝が上がり、保湿も期待できる

ブッ ベス
풋 배스
足湯(フットバス)

フットマッサージの前に無料でできることが多い。足を温めることで全身の血行が促進され、ほぐれる

ピルリン
필링
ピーリング

皮膚の古い角質を取る施術。新陳代謝を促して、その後の化粧水や美容液の浸透をよくする効果がある

近年では減ったが、勧誘がしつこい場合ははっきり「必要ないです(ピリョ オプソヨ／필요 없어요)」と伝える

How to Beauty

フェイス＆ボディ

部位別お悩み解消フレーズ

体のパーツ名と、各パーツにまつわる悩みを施術前に伝えよう

頭 / 머리 (モリ)

**頭皮が
ベタつきます。**
チソン トゥピエヨ
지성 두피예요.

頭痛がします。
トゥトンイ ナヨ
두통이 나요.

眼 / 눈 (ヌン)

**眼が疲れて
います。**
ヌニ ピゴネヨ
눈이 피곤해요.

肩 / 어깨 (オッケ)

**肩がこって
います。**
オッケガ キョルリョヨ
어깨가 결려요.

**ぜい肉を
取りたいです。**
ペッサルル ペゴ
뱃살을 빼고
シポヨ
싶어요.

お腹 / 배 (ペ)

生理痛が重いです。
センニトンイ シメヨ
생리통이 심해요.

便秘です。
ピョンビエヨ
변비예요.

かかとがガサガサです。
パルティクム チ ガ
발뒤꿈 치가
コチルコ チ レヨ
거칠거칠해요.

かかと / 굽 (クプ)

角質除去をお願いします。
カッチルジェゴ ヘ ジュセヨ
각질제거 해 주세요.

足裏 / 발 (パル)

強めに（弱めに）押してください。
カンハゲ ヤッカゲ チアペ ジュセヨ
강하게（약하게）지압해 주세요.

顔 / 얼굴 (オルグル)

顔がむくんでいます。
얼굴이 부어요.
(オルグリ プオヨ)

あご / 턱 (トッ)

あごをシャープにしたいです。
V라인 얼굴을
(ブイライン オルグルル)
갖고 싶어요.
(カッコ シポヨ)

肌 / 피부 (ピブ)

乾燥肌です。
건조피부예요.
(コンジョ ピ ブ エ ヨ)

ニキビが気になります。
여드름이 걱정돼요.
(ヨドゥルミ コッチョンテヨ)

美白したいです。
미백을 하고 싶어요.
(ミベグル ハゴ シポヨ)

毛穴を引き締めたいです。
모공을 좁히고 싶어요.
(モゴンウル チョビゴ シポヨ)

腰 / 허리 (ホリ)

腰が痛いです。
허리가 아파요.
(ホリガ アパヨ)

全身 / 전신 (ジョンシン)

リンパを流してください。
림프가 잘 흐르도록
(リムプガ チャルフルドロッ)
해 주세요.
(ケ ジュセヨ)

脚 / 다리 (タリ)

たくさん歩いたので脚が痛いです。
너무 많이 걸어서
(ノム マニ コロソ)
다리가 아파요.
(タリガ アパヨ)

O脚を直したいです。
O자형 다리를
(オージャヒョン タ リルル)
교정하고 싶어요.
(キョチョンハ ゴ シポヨ)

足腰が痛いときなど、「ああ腰よ（脚よ）…（アイゴ ホリヤ（タリヤ）／아이고 허리야（다리야）」という

BEAUTY

アカスリ

チムジルバン

エステ＆マッサージ

ネイルサロン

ネイルサロン
完全シミュレーション

WHAT IS 『韓国でネイル』

韓国にもネイルサロンはある。特に観光地の明洞、女子大のある梨大、ファッションタウンの江南エリアに多い。日本と違うのは、シンプルなデザインが好まれること。単色カラーやグラデーションなどが主流で、アートをしたり、飾りをあまり付けないのが韓国流だ。

入店

手だけお願いします。
ソンマン プタカムニダ
손만 부탁합니다.

ソナゴ パル
손하고 발 手と足を
ソッコプチル チョリド
속껍질 처리도 甘皮処理も
パラピン ペッド
파라핀 팩도 パラフィンパックも

ジェルネイルをお願いします。
ジェル ネイルル プタカムニダ
젤네일을 부탁합니다.

デザインの見本を見せてください。
ディジャイン キョンボヌル ポヨ ジュセヨ
디자인 견본을 보여 주세요.

色の種類を見せてください。
セゲ チョンリュルル ポヨ ジュセヨ
색의 종류를 보여 주세요.

これでいくらですか？
イロッケ オルマエヨ
이렇게 얼마예요?

施術

爪の形は（長さは）どうされますか？
ソントプ モヤンウン キリヌン オットッケ
손톱 모양은 (길이는) 어떻게
ハシゲッスムニカ
하시겠습니까?

スクエアにしてください。
スクェオロ ヘ ジュセヨ
스퀘어로 해 주세요.

オボルロ ヘ	チャルッケ ヘ
오벌로 해 オーバルにして	짧게 해 短くして

キリルル タドゥモ
길이를 다듬어 長さを揃えて

イ チョンド キリロ ヘ
이 정도 길이로 해 このくらいの長さにして

フレンチにしてください。
プレンチネイルロ ヘ ジュセヨ
프렌치네일로 해 주세요.

グロデイショヌロ	ラメロ
그러데이션으로 グラデーションに	라메로 ラメに
タンセグロ	ドトゥロ
단색으로 単色カラーに	도트로 ドットに
マブルロ	ボドロ
마블로 マーブルに	보더로 ボーダーに

ここにラインストーンを置いてください。
ヨギエ ラインストン プチョジュセヨ
여기에 라인스톤 붙여주세요.

ホルログレム
홀로그램 ホログラム

ライン	スティコ
라인 ライン	스티커 シール

ネイル技術は日本のほうが発達している。日本でネイルの勉強をしてくるネイリストもいるほどだ

タクシーは少しのミスが命取り

ハレ's advice

地名は書いて見せよう！

タクシー移動で目的地を告げるときに注意したいのが、地名の発音。「新村（シンチョン）」と「市庁（シチョン）」など、日本人が発音すると間違えられやすい地名が多いんだ。行き先を地図で見せたり、ハングルを書いて運転手さんに見せたりするほうが確実だね！

上級者はランドマークを伝えても！

地名がピンとくるように、ランドマークなどを一緒に伝えるという手もある

新 村

延世大学がある新村

ヨンセ デガ インヌン シンチョン
연세대가 있는 신촌

新村には延世大学という大きな大学があるのでそこを伝える

市 庁

ソウル市庁がある市庁

ソウル シチョンイ インヌン シチョン
서울 시청이 있는 시청

ソウル市庁や古宮「德寿宮（トッスグン／덕수궁）」を出してもよい

新川（シンチョン/신천）という駅名もあったけど、まぎらわしすぎて変更されるんだって〜

弘 大

弘益大学

ホンデ
홍대

新村や梨大付近の「弘大」。弘益大学があるためにこの地名になった

建 大

建国大学

コンデ
건대

建国大学はソウルの東部にある大学。「弘大」「東大」と紛らわしい

東 大

東国大学

トンデ
동대

地下鉄3号線東大入口駅付近にある大学。近くには東大門も

ハレ旅会話

ソウル
韓国語

SHOPPING

- P.106 コスメショップ
- P.114 東大門ファッションビル
- P.118 オーダーメイド
- P.126 伝統雑貨
- P.130 デパ地下

基本フレーズ

SHOPPING

使えるおねだりフレーズや断りのフレーズを押さえ、お得＆スムーズにショッピングを楽しもう。

感嘆フレーズ

かっこいい！／素敵！
モシッタ
멋있다！

きれい！
イェップダ
예쁘다！
洋服の柄などがかわいいときにも使える

かわいい！
キョプタ
귀엽다！

おねだりフレーズ

お姉さん
オンニ
언니
男性が年上の女性を呼ぶときはヌナ(누나)となる

お兄さん
オッパ
오빠
男性が年上の男性を呼ぶときはヒョン(형)となる

お願い〜。
ブタケヨ
부탁해요〜.

ちょっと高いですね。
チョム ビッサネヨ
좀 비싸네요.

安くしてください。
サゲ ヘ ジュセヨ
싸게 해 주세요.

2個買うから安くしてください。
ドゥゲ サルテニ サゲ ヘ ジュセヨ
두 개 살테니 싸게 해 주세요.

おばさん（お母さん）最高〜！
オモニ チャンイエヨ
어머니 짱이에요〜！

電卓を見せて

コスメサンプルおねだり!

これでどうですか？
イゴルロ オッテヨ
이걸로 어때요?

お姉さん肌キレイですもんね。
オンニ ピブ
언니 피부
ケックッタ シネヨ
깨끗하시네요.

サンプルたくさんください。
セムプル マニ ジュセヨ
샘플 많이 주세요.

サービスいっぱいしてください。
ソビス マニ
서비스 많이
ジュセヨ
주세요.

食品おまけおねだり!

お断りフレーズ

ただ見ているだけです。
クニャン ボヌン ゴエヨ
그냥 보는 거예요.

やっぱりやめておきます。
ヨッシ ア ナルレヨ
역시 안 할래요.

ちょっと考えます。
センガッ チョム ハルケヨ
생각 좀 할게요.

カードでお願いします。
カドゥロ ケサ
카드로 계산
ネ ジュセヨ
해 주세요.

支払いフレーズ

カード使えますか？
カドゥロ ケサン
카드로 계산
テナヨ
되나요?

SHOPPING

コスメ

東大門ファッションビル

オーダーメイド

伝統雑貨

デパ地下

韓国はカード社会。少額だとしてもカードでの支払いが可能。支払い時は暗証番号よりサインが多い

ショッピング
共通シミュレーション

WHAT IS 『ソウルでショッピング』

ソウルは買い物天国！ コスパ優秀の韓国コスメ、ファッションアイテム、日本よりもお得にゲットできるオーダーメイド商品、伝統雑貨、食みやげなどなど。価格交渉が可能なものもあるので、コミュニケーションを楽しみながらお気に入りをゲットしよう。

入店

「○○」の中にはブランド名やショップ名が入る

いらっしゃいませ。○○です。
オソ オセヨ ○○イムニダ
어서 오세요. ○○입니다.

何かお探しですか？
チャジュシヌン ゴ イッスセヨ
찾으시는 거 있으세요?

ただ見ているだけです。
クニャン ポヌン ゴエヨ
그냥 보는 거예요.

接客を断るワザは P.136

○○を買いたいのですが。
○○ サゴ シプンデヨ
○○ 사고 싶은데요.

これがいいですよ。
イゲ チョアヨ
이게 좋아요.

「よく売れる」という意味。直訳すると「よく出る」になる

これが人気ですよ。
イゲ チャル ナガヌン ゴエヨ
이게 잘 나가는 거예요.

これはいくらですか？
イゴ オルマエヨ
이거 얼마예요?

入店

もう少し考えます。
チョム ド センガッケ ボルケヨ
좀 더 생각해 볼게요.

会計

小さい袋をください。
チャグン ボントゥルル ジュセヨ
작은 봉투를 주세요.

韓国は簡易包装が基本。小分け袋などはもらえないこともあるので注意!

プレゼント用に包んでください。
ソンムルヨンウロ サ ジュセヨ
선물용으로 싸 주세요.

紙袋をもらえますか?
チョンイボントゥルル ジュシゲッソヨ
종이봉투를 주시겠어요?

日本円は使えますか?
イルボ ネンスル ス イッソヨ
일본 엔 쓸 수 있어요?

はい、使えますよ。
ネ スル ス イッソヨ
네, 쓸 수 있어요.

カードでお願いします。
カドゥロ ケサネ ジュセヨ
카드로 계산해 주세요.

計算が間違っているみたいです。
ケサニ トゥルリン ゴッ カットゥン デ ヨ
계산이 틀린 것 같은데요.

おつりが間違っているみたいです。
コスルム トニ トゥルリン ゴッ カットゥン デ ヨ
거스름돈이 틀린 것 같은데요.

新しいものはありますか?
セロウン ゴ イッソヨ
새로운 거 있어요?

現金のみでしか決済できない場合「現金のみです(ヒョングムマニエヨ/현금만이에요)」と告げられる

コスメショップ
完全シミュレーション

WHAT IS 『韓国コスメ』

美容大国韓国では、コスメブランドが乱立。プチプラながら優秀なアイテムが揃う。新製品も常に開発されており、一世を風靡したカタツムリのほかにも、蛇の毒や馬の油などびっくりな商品も。日本に進出しているブランドもあるが、現地で買ったほうが断然お得。

入店

いらっしゃいませ、○○です
オソ オセヨ ○○イムニダ
어서 오세요, ○○입니다.

ブランド名を名乗ることが多い

何かお探しですか？
チャジュシヌン ゴッ イッスセヨ
찾으시는 것 있으세요?

これと同じものをください。
イゴラン カットゥン ゴ ジュセヨ
이거랑 같은 거 주세요.

ガイドブックを見せながら

○○を買いたいんですが。
○○ サゴ シプンデヨ
○○사고 싶은데요.

新商品はどれですか？
シンサンプム オヌ ゴシエヨ
신상품 어느 것이에요?

何がよく売れていますか？
モガ ジャル ナガヨ
뭐가 잘 나가요?

これはどうやって使いますか？
イゴン オットッケ スミョン テヨ
이건 어떻게 쓰면 돼요?

> どんな効果がありますか?
> オットン ヒョグァガ イッソヨ
> 어떤 효과가 있어요?

> 保湿効果があります。
> ポスプ ヒョグァガ イッソヨ
> 보습 효과가 있어요.

ミベッ 美白	ジンジョン 鎮静
미백	진정

リプトゥ オプ リフトアップ
리프트 업

> 乾燥肌です。
> コンソン ピブエヨ
> 건성 피부예요.

> 脂性肌です。
> ジソン ピブエヨ
> 지성 피부예요.

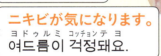

> ニキビが気になります。
> ヨドゥルミ コッチョンテヨ
> 여드름이 걱정돼요.

> 試してもいいですか?
> ソバド テヨ
> 써봐도 돼요?

会計

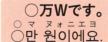
> ○万Wです。
> ○ マ ヌォニエヨ
> ○만 원이에요.

> カードでお願いします。
> カドゥロ プタカムニダ
> 카드로 부탁합니다.

> サンプルたくさんください。
> セムプル マニ ジュセヨ
> 샘플 많이 주세요.

SHOPPING

コスメ

東大門ファッションビル

オーダーメイド

伝統雑貨

デパ地下

EMS送料の確認は「送料はどうなりますか?(ペソンビヌン オットッケ テヨ/배송비는 어떻게 돼요?)」

How to Shopping

買い残しナシ！
厳選コスメブランド10

韓国コスメの主要ブランドを一挙にご紹介。
自分にピッタリのブランドを見つけてみて。

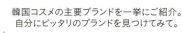

✦ ETUDE HOUSE ✦

エティドゥハウス
에뛰드하우스

毎日のメイクを楽しむ「Play」をコンセプトとしたブランド。店内は、白とピンクを基調とした、ドールハウスのようなインテリアで統一されている。お手頃価格で機能性も備えた実力派コスメが揃う

For Young	shop info
プチプラ	ソウル市内：約140店舗
ハイスペック	日本：新宿など16店舗

スキンフドゥ
스킨푸드

体によい食べ物から美しい肌を手に入れることをコンセプトとしている。野菜や果物など、食べ物から生まれた肌に優しいナチュラルコスメを取り扱う。幅広い年代の女性から支持されるブランド。パッケージもキュート

For Young	shop info
For Adult	ソウル市内：103店舗以上
プチプラ	日本：新宿など21店舗
ナチュラル	

NATURE REPUBLIC

ネイチョリポブルリッ
네이처리퍼블릭

アロエ92%含有のジェルなど、ナチュラルな商品から最先端技術で作られるコスメまで、さまざまな商品を取り扱う。高品質ながらも手に取りやすい価格が多くの女性の心をつかんで離さない

For Young	shop info
プチプラ	ソウル市内：約200店舗
ハイスペック	日本：オンライン公式ショップあり

ミシャ
미샤

BBクリームの先駆け的存在として話題を呼び、現在は全世界に展開しているグローバルブランド。世代を問わずに使える商品が多いため、購買年齢層も幅広く、親子で使われることも多い

For Adult	shop info
プチプラ	ソウル市内：240店舗以上
ハイスペック	日本：池袋など25店舗

innisfree

イニスプリ
이니스프리

韓国の南方にある島、済州島の草花や火山灰など、こだわりの天然成分を使用したコスメが多ス。20代の女性たちから支持される。ベビーやメンズラインもあり

- For Young
- ややリッチ
- ナチュラル

shop info
ソウル市内:約215店舗
日本:日本未上陸

THE FACE SHOP
NATURAL STORY

ド ペイスシャプ
더 페이스샵

2003年にオープンした老舗ブランド。2009年には、韓国政府によって選定される「大韓民国ブランド大賞」を化粧品ブランドとして初受賞。高品質で低価格

- For Young
- プチプラ
- ナチュラル

shop info
ソウル市内:約215店舗
日本:全国のイオンで取り扱いあり

the SAEM

ド セム
더 샘

750種類という多種多様なコスメを展開。美容外科と共同開発をし、最先端技術を盛り込んだドクターズコスメライン「ドクタービューティー」は高い評価を得ている

- For Adult
- プチプラ
- ハイスペック

shop info
ソウル市内:約26店舗
日本:日本未上陸

TONYMOLY

トニモリ
토니모리

近代的・都会的でかっこいい女性がコンセプト。若い世代でも手に取りやすい低価格・高品質な商品を取りそろえる。キュートなパッケージが目を引く

- For Adult
- プチプラ
- ハイスペック

shop info
ソウル市内:約150店舗
日本:池袋など2店舗

eSpoir

エスプア
에스쁘아

ブランド名はフランス語で「希望・期待」という意味を持つ。リップなど、色展開が豊富なカラーメイクアップ商品に定評があり、プロのような仕上がりを実現できる

- For Aludt
- ややリッチ
- ハイスペック

shop info
ソウル市内:26店舗以上
日本:日本未上陸

IOPE

ARITAUMで買える!

アイオペ
아이오페

世界中で話題のクッションファンデーションを開発し、4秒に1個売り上げるなど話題を集めるバイオ化粧品ブランド。ARITAUMや百貨店などで購入できる

- For Adult
- リッチ
- ハイスペック

shop info
ソウル市内:348カ所
日本:オンライン公式ショップあり

🌸 複数のコスメブランドを一気に見るなら明洞。一つの通りに主要ブランドがズラリと並んでいるので効率的

How to Shopping

正しく使って効果UP!
コスメラベルの読み方

ハングルのみのコスメパッケージも、これを知っておけば大丈夫!

箱やボトルの裏側に注目!

商品名
大きく書かれている文字は商品名のことが多い。化粧品の名前はP.112へ

成分
「성분(ソンブン)」。化粧品に使われている成分の名前が、量の多い順に記載されている

裏面をチェック!

コスメラベルの例

容量
「용량(ヨンニャン)」。シートマスクなどなら「g」、化粧水などなら「ml」で表記されている

メーカー情報
ブランド名や消費者相談室の電話番号、ホームページのURLなどが記載されている

110

効果

「효과(ヒョグァ)」。その化粧品の「ウリ」が書かれている部分

미백 (ミベッ) 美白	윤기 (ユンキ) ツヤ
보습 (ポスプ) 保湿	수분충전 (スブンチュンジョン) 水分補給
탄력 (タンリョッ) ハリ(弾力)	맑음 (マルグム) ブライトニング

타이트닝 (タイトゥニン) 毛穴引き締め(タイトニング)

使用方法

「사용법(サヨンポプ)」。使用方法によく記載されているフレーズをチェック！

洗顔後 セアン フ 세안 후	水気のある手に スブン インヌン ソネ 수분 있는 손에	適量を取って チョッダンリャンウル チュイハゴ 적당량을 취하고

顔に水気がある状態で オルグレ ムルギガ インヌン サンテエソ 얼굴에 물기가 있는 상태에서	手で ソヌロ 손으로	1剤、2剤 イルジェイジェ 1제,2제

塗り広げます バルラ チュムニダ 발라 줍니다	化粧水のあと トノ サヨン フ 토너 사용 후	洗い流します シソネ チュムニダ 씻어내 줍니다

目と口の周りを避けて ヌンカワ イプカルル ピヘ 눈가와 입가를 피해	ぬるま湯で ミオンスロ 미온수로	チップで ティプロ 팁으로

泡立てます コプムル ネムニダ 거품을 냅니다	マッサージしながら マサジ ハミョンソ 마사지 하면서	○分後 ○ブン フ ○분 후

韓国では、化粧水などは基本的にコットンではなく手でつける。体温でじっくり浸透させるのが韓国流だ

How to Shopping

日本語とちょっと違う!? **化粧品の名前**

韓国でのコスメの名前は、日本と少し違うものも。
欲しい商品の名前をチェック。

スキンケア / 스킨케오 스킨케어

スキン / トノ
스킨 / 토너
化粧水

ロション / エモルジョン
로션 / 에멀전
乳液

エセンス / セロム
에센스 / 세럼
美容液

クリム
크림
クリーム

アイクリム
아이크림
アイクリーム

ペッ
팩
パック

ピルリン
필링
ピーリング

ソンクリム
선크림
日焼け止め

クレンジング / クルレンジン 클렌징

クルレンジン ポム
클렌징 폼
洗顔料

クルレンジン
클렌징
クレンジング

ポイントゥ メイクオプ リムボ
포인트 메이크업 리무버
ポイントメイク落とし

ベースメイク / ベイス 베이스

メイクオプベイス
메이크업베이스
下地

パウンデイション
파운데이션
ファンデーション

ビビクリム / シシクリム
BB크림／CC크림
BB／CCクリーム

📋 メイクアップ | 메이크업
メイクオブ

アイシェド 아이섀도 **アイシャドー**	アイライノ 아이라이너 **アイライナー**	マスカラ 마스카라 **マスカラ**	アイブロウ 아이브로우 **アイブロウ**
リプスティッ 립스틱 **口紅**	グルロス 글로스 **グロス**	リプティントゥ 립틴트 **ティント**	ブルロショ 블러셔 **チーク**

ボディケア、ヘアケア | 바디케어, 헤어케어
バディケオ　ヘオケオ

バディクリム 바디크림 **ボディクリーム**	バディロション 바디로션 **ボディローション**	ヘンドゥクリム 핸드크림 **ハンドクリーム**	シャムプ 샴푸 **シャンプー**
リンス 린스 **リンス**	トゥリトゥモントゥ 트리트먼트 **トリートメント**		ヘオエセンス 헤어에센스 **ヘアエッセンス**

ネイルケア | 네일케어
ネイルケオ

ネイルコルロ 네일컬러 **マニキュア**	タプコトゥ 탑코트 **トップコート**	リムボ 리무버 **除光液(リムーバー)**
ネイルスティコ 네일스티커 **ネイルシール**	ソントブカッキ 손톱깎이 **爪切り**	ボボ 버퍼 **爪やすり(バッファー)**

「化粧水」は単純に韓国語で「ファジャンス／화장수」だが、韓国では「トナー」と呼ぶのが一般的

東大門ファッションビル
完全シミュレーション

WHAT IS　『東大門ファッションビル』

東大門エリアは、衣料の卸売市場が集まり、バイヤーなど、業者も多く出入りする街。週末にはファッションビルは明け方まで営業しており、夜中でもショッピングが楽しめるのがうれしい。市場などでは値切り交渉できることもあるので、チャレンジしてみよう。

入店

いらっしゃいませ。
オソ オセヨ
어서 오세요.

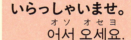

見ていってください。
トゥロオセヨ
들어오세요.

品定め

取って見てもいいですか？
トゥロ バド テナヨ
들어 봐도 되나요?

試着していいですか？
イボ バド テヨ
입어 봐도 돼요?

試着室のない店舗や、試着NGの店もあるので、試着したいときは一声かけてから

こちらへどうぞ。／試着はできません。
イッチョグロ オセヨ
이쪽으로 오세요.
イボ ボル ス オプスムニダ
／입어 볼 수 없습니다.

よく似合っています。
チャル オウルリョヨ
잘 어울려요.

品定め

新商品です。
シンサンプ ミ エ ヨ
신상품이에요.

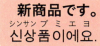

フリーサイズですか?
プリ サイジュエヨ
프리 사이즈예요?

もう少し小さいサイズはありますか?
ト チャグン ゴ イッソヨ
더 작은 거 있어요?

もう少し大きいサイズはありますか?
ト クン ゴ イッソヨ
더 큰 거 있어요?

ほかの色はありますか?
タルン セッ イッソヨ
다른 색 있어요?

ほかの柄はありますか?
タルン ムニ イッソヨ
다른 무늬 있어요?

水洗いしても大丈夫ですか?
ムルロ パラド ケンチャナヨ
물로 빨아도 괜찮아요?

今一番売れているものはどれですか?
チグム チェイルチャルナガヌン ゴスン モエヨ
지금 제일 잘 나가는 것은 뭐예요?

新しいものはありますか?
セ ゴ イッソヨ
새 거 있어요?

東大門のファッションビル街は、「東大門歴史文化公園駅」が最寄り。「東大門駅」と間違えないようにしよう

品定め

少々お待ちください。
チャムカンマンニョ
잠깐만요.

店頭にあるのは見本で、バックヤードから新品を出してくれることも多い

確認します。
ファギナルケヨ
확인할게요.

ありません。
オプスムニダ　オプソヨ
없습니다(없어요).

値切り

高いですね。
ピッサネヨ
비싸네요.

市場などでは値段交渉ができることも。電卓を使って交渉にチャレンジ

少し安くしてください。
チョム　サゲ　ヘ　ジュセヨ
좀 싸게 해 주세요.

この値段でどうですか？
イ　カギョグロ　オッテヨ
이 가격으로 어때요?

> 電卓を見せる

**2つ買うから
この値段でどうですか？**
トゥゲ　サニカ　イ　カギョグロ　オッテヨ
두 개 사니까 이 가격으로 어때요?

> 電卓を見せる

ほかの店は1万Wでしたよ。
タルン　カゲヌン　マ　ヌォニオッソヨ
다른 가게는 만 원이었어요.

他店の価格を提示するのも一つのテクニッ

現金で払うから安くしてください。
ヒョングムロ　ネニカ　サゲ　ヘ　ジュセヨ
현금으로 내니까 싸게 해 주세요.

この値段なら買いません。
イ　カギョギミョン　アン　サヨ
이 가격이면 안 사요.

SHOPPING

値切り

お姉さん(お兄さん)〜お願い〜。
オンニ　オッパ　　チェバール
언니 (오빠) ~ 제발 ~ .

**わかりました。
/だめです。**
アルゲッソヨ
알겠어요.
アンデヨ
/ 안돼요.

これ以上はできません。
ト イサン アンデヨ
더 이상 안돼요.

簡単なビニール袋に入れる店が多い。エコバッグを持参しておくと便利

袋に入れますか?
タマ　トゥリルッカヨ
담아 드릴까요?

会計

○万Wです。
○　マ ヌォニエヨ
○만 원이에요.

カードは使えますか?
カドゥロ ケサン テナヨ
카드로 계산 되나요?

東大門ではカードNGの店も多い。確認しておくとよい

**使えます。
/現金のみです。**
サヨンハル ス イッソヨ
사용할 수 있어요.
ヒョングム マ ニ エヨ
/ 현금만이에요.

素敵に着てくださいね。
イェップゲ イブセヨ
예쁘게 입으세요.

コスメ　東大門ファッションビル　オーダーメイド　伝統雑貨　デパ地下

東大門で夜のショッピングを楽しみたいなら、ホテルも東大門にするのが賢明。歩いて帰れるので安全

オーダーメイド
完全シミュレーション

WHAT IS 『オーダーメイド』

自分の体にピッタリ合った、こだわりの一着を求めているならオーダーメイドがおすすめ。韓国でなら、日本で作るよりも安価にオーダーメイドの製品を手に入れることができる。コート、ジャケット、バッグ、靴、アクセサリーなど、種類も多岐にわたる。

入店

いらっしゃいませ。
オソ オセヨ
어서 오세요.

バッグをオーダーメイドしたいのですが。
ヘンドゥベッ マッチュゴ シプンデヨ
핸드백 맞추고 싶은데요.

ジャケッ
자켓 ジャケット
コトゥ
코트 コート

シンバル
신발 靴
エクセソリ
액세서리 アクセサリー

デザイン決め

どんなデザインがよいですか?
オットン ディジャイニ チョアヨ
어떤 디자인이 좋아요?

こんなデザインがいいです。
イロン ディジャイニ チョアヨ
이런 디자인이 좋아요.

雑誌の切り抜きを見せて

これと同じにしてください。
イゴハゴ トッカッチ ヘ ジュセヨ
이거하고 똑같이 해 주세요.

店内の商品を指でさして

バッグの場合

トートバッグがいいです。
トトゥベギ チョアヨ
토트백이 좋아요.

バッグのタイプは
P.125

118

デザイン決め

ジャケットの場合

ライダースジャケットがいいです。
ライドジャケシ チョアヨ
라이더자켓이 좋아요.

洋服のタイプは P.124

ここにファーを付けたいです。
ヨギエ モピルル プチゴ シポヨ
여기에 모피를 붙이고 싶어요.

このファーは取りたいです。
イ モピヌン テゴ シポヨ
이 모피는 떼고 싶어요.

靴の場合

パンプスがいいです。
ヒリ チョアヨ
힐이 좋아요.

靴のタイプは P.125

アクセサリーの場合

ネックレスがいいです。
モッコリガ チョアヨ
목걸이가 좋아요.

アクセサリーは P.125

採寸

ジャケットの場合

サイズを測ります。
サイジュ チョム チェゲッスムニダ
사이즈 좀 재겠습니다.

少し大きめがいいです。
チョム ド クゲ ハゴ シポヨ
좀 더 크게 하고 싶어요.

ジャストサイズがいいです。
タッ マンヌン サイジュガ チョアヨ
딱 맞는 사이즈가 좋아요.

東大門エリアにもオーダーメイドの店はあるが、おすすめは梨泰院エリア。皮革製品がリーズナブル

採寸

ジャケットの場合

丈は長めがいいです。
／丈は短めがいいです。

キリルル キルゲ ハゴ シポヨ
길이를 길게 하고 싶어요.
キリルル チャルケ ハゴ シポヨ
／길이를 짧게 하고 싶어요.

洋服の
パーツは
P.122

靴の場合

幅が広いほうがいいです。
パルボルノルビビル ノルケ ハゴ シポヨ
발볼넓이를 넓게 하고 싶어요.

ヒールをもっと 高く したいです。
クムノピルル ト ノプケ ハゴ シポヨ
굽높이를 더 높게 하고 싶어요.

靴の
パーツは
P.122

ナッケ	クルケ	カヌルケ
낮게 低く	굵게 太く	가늘게 細く

アンジョンカム イッケ
안정감 있게 安定感のあるように

色・柄決め

サンプルの中から
好きな色を選んでください。
セムプル チュンエソ チョアハヌン
샘플 중에서 좋아하는
セグル コルセヨ
색을 고르세요.

どの色がよく売れていますか？
オットン セギ チャル ナガヨ
어떤 색이 잘 나가요?

茶色が人気です。
色の名前は
P.123
カルセギ インキ マナヨ
갈색이 인기 많아요.

色・柄決め

ほかの柄はありますか?
タルン ムニ イッソヨ
다른 무늬 있어요?

柄の名前は
P.123

**これでだいたい
いくらになりますか?**
イゴスロヌン オルマ チョンド ヘヨ
이것으로는 얼마 정도 해요?

途中途中で
値段を確認!

会計

気に入りました。
マウメ トゥロッソヨ
마음에 들었어요.

これにします。
イゴルロ ハルケヨ
이걸로 할게요.

**できあがるまでに3週間かかります。
／この場でお渡しします。**
ワンソンカジ サムチュイル コルリムニダ
완성까지 3 주일 걸립니다.
バロ トゥリゲッスムニダ
／바로 드리겠습니다.

時間は
P.197

3時間後にできあがります。
セシガン フ エ テムニダ
3시간 후에 됩니다.

日本に送ってください。
イルボヌロ ポネ ジュセヨ
일본으로 보내 주세요.

ホテルに届けてもらえますか?
ホテルロ ポネジュル ス イッソヨ
호텔로 보내줄 수 있어요?

45万Wです。
サシボマ ヌォニムニダ
45만 원입니다.

アクセサリーのオーダーメイドは、パーツを入れ替えるだけのものであればその場で受け取れることもある

フレーズ

- サイズが大きいです。
 サイジュガ コヨ
 사이즈가 커요.

- サイズが小さいです。
 サイジュガ チャガヨ
 사이즈가 작아요.

- ちょっときついです。
 チョム キョヨ
 좀 껴요.

- ちょっとゆるいです。
 チョム ホルロンヘヨ
 좀 헐렁해요.

- ヒールが高いです。
 ヒリ ノパヨ
 힐이 높아요.

- ヒールが低いです。
 ヒリ ナジャヨ
 힐이 낮아요.

- ここを長くしたいです。 持ち手をさして
 ヨギルル キルゲ ハゴ シボヨ
 여기를 길게 하고 싶어요.

- ここを短くしたいです。 持ち手をさして
 ヨギルル チャルケハゴ シボヨ
 여기를 짧게 하고 싶어요.

- もっと大きいサイズはありますか?
 トクン サイジュイッソヨ
 더 큰 사이즈 있어요?

- もっと小さいサイズはありますか?
 トチャグン サイジュイッソヨ
 더 작은 사이즈 있어요?

- 丈が長いです。
 キリガ キロヨ
 길이가 길어요.

- 丈が短いです。
 キリガ チャルバヨ
 길이가 짧아요.

色名

- 黒 コムジョンセ 검정 색
- 白 ヒンセ 흰색
- グレー フェセ 회색
- 紺 ナムセ 남색
- ベージュ ベイジセ 베이지색
- 茶色 カルセ 갈색
- 赤 パルガンセ 빨강색
- 青 パランセ 파랑색
- 黄色 ノランセ 노란색
- 緑 チョロッセ 초록색
- ピンク プノンセ 분홍색
- オレンジ チュファンセ 주황색
- 水色 ハヌルセ 하늘색
- 金 クムセ 금색

柄(模様)

花柄
コッムニ
꽃무늬

ボーダー
チュルムニ
줄무늬

ストライプ
ストゥライプ
스트라이프

チェック
チェク
체크

水玉
ムルバンウル
물방울

グラデーションのことを、韓国では日本の「ぼかし」から、そのまま「ボカシ/보카시」という

これください。 이거 주세요.

洋服カタログ

アウター類

ライドジャケッ
라이더자켓
**ライダース
ジャケット**

ノーカルラジャケッ
노칼라자켓
**ノーカラー
ジャケット**

カディゴン
가디건
カーディガン

ジャケッ
자켓
ジャケット

コトゥ
코트
コート

トッポッキ コトゥ
떡볶이 코트
ダッフルコート

ペディン
패딩
ダウンジャケット

フドゥ／フドゥティ
후드／후드티
パーカー

トップス

ティショチュ
티셔츠
Tシャツ

ショチュ
셔츠
シャツ

ウォンピス
원피스
ワンピース

ニトゥ
니트
ニット

スウェッショチュ
스웻셔츠
スウェット

ボトムス

チマ
치마
スカート

パジ
바지
ズボン

パンバジ
반바지
短パン

直訳すると
「青ズボン」

チョンバジ
청바지
デニム

レギンス
레깅스
レギンス

ヤンマル
양말
靴下

タイチュ
타이츠
タイツ

靴カタログ

ヒル
힐
パンプス

ウェジ
웨지
ウェッジソール

プルレッシュジュ
플랫슈즈
フラットシューズ

スニコ ウンドンファ
스니커／운동화
スニーカー

スルリポン
슬립온
スリッポン

センドゥル
샌들
サンダル

ロンブチュ
롱부츠
ロングブーツ

エングルブチュ
앵글부츠
ショートブーツ

インソル
인솔
中敷き

シンバルクン
신발끈
靴紐

アクセサリー

モッコリ
목걸이
ネックレス

ピオス
피어스
ピアス

パルチ
팔찌
ブレスレット

アンギョン
안경
メガネ

ソングルラス
선글라스
サングラス

モジャ
모자
帽子

パンジ
반지
指輪

クィゴリ
귀걸이
イヤリング

チェイン
체인
チェーン

ペンドントゥ タプ
펜던트 탑
ペンダントトップ

バッグカタログ

リュックではなく
バックパックと呼ぶ

トトゥ エコベッ
토트／에코 백
トートバッグ

クルロチ
클러치
クラッチバッグ

クロス ショルド
크로스／숄더
ショルダーバッグ

ベッペッ
백팩
リュック

ダッフルコートは、ボタンの形が似ていることから、韓国では「トッポッキコート」と呼ばれている

伝統雑貨
完全シミュレーション

WHAT IS 『伝統雑貨』

鮮やかな色彩が特徴的な韓国伝統雑貨。繊細な刺繍や、韓国版パッチワークのポジャギ、漆器に貝を装飾した螺鈿（らでん）、陶磁器などバリエーションはさまざま。仁寺洞エリアは伝統雑貨の店が多く集まる。購入の際は、複数の店を比較しながら見て回るのがおすすめ。

商品選び

ポジャギを探しています。
ポジャギ チャッコ インヌンデヨ
보자기 찾고 있는데요.

 雑貨の名前は P.128

予算は1万Wです。
イェサヌン マ ヌォニエヨ
예산은 만 원이에요.

これにします。
イゴ ジュセヨ
이거 주세요.

会計

プレゼント包装をお願いします。
ソンムルヨンウロ サ ジュセヨ
선물용으로 싸 주세요.

別々に包んでください。
タロタロ サ ジュセヨ
따로따로 싸 주세요.

基本的にまとめてビニール袋に入れられる。個別包装を希望する場合は伝える

紙袋をもらえますか？
チョンイポントゥルル ジュシゲッソヨ
종이봉투를 주시겠어요?

日本への発送手続き

日本に送ってください。
イルボヌロ ボネ ジュセヨ
일본으로 보내 주세요.

SHOPPING

日本への発送手続き

送料は有料ですか？
ペソンビヌン　ユリョインガヨ
배송비는 유료인가요?

20万W以上は無料です。
イシンマ ヌォン イサンウン ムリョイムニダ
20만 원 이상은 무료입니다.

送り先の住所を書いてください。
ポネル ゴッ ジュソルル ソ ジュセヨ
보낼 곳 주소를 써 주세요.

コスメ

免税手続き

免税手続き用の書類を作成してください。

3万W以上の購入で税金の払い戻し対象に！

ミョンセ ス ソンニョン ソリュルル
면세 수속용 서류를
チャッソンヘ ジュセヨ
작성해 주세요.

手続書類の発行にはパスポートが必要

パスポートをお願いします。
ヨグォン ブタットゥリムニダ
여권 부탁드립니다.

こちらに記入してください。
イッチョゲ キイパセヨ
이쪽에 기입하세요.

東大門ファッションビル　オーダーメイド

事後免税手続き

該当店舗で3万W以上購入すれば後から税金をキャッシュバックできる。市内でできる免税手続きの方法をご紹介。

＜免税手続きの流れ＞

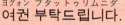

3万W以上購入
↓
店舗でもらえる書類に記入
↓
指定のリファンドカウンターへ
↓
現金キャッシュバック
↓
空港の税関に申告

目印は「TAX REFUND」
対象店舗には「TAX REFUND」の文字がある。分からなければ「免税で買えますか？（ミョンセロ サル ス イッソヨ？／면세로 살 수 있어요?）」と聞いてみるとよい

百貨店や免税店などで
キャッシュバックの手続きができるリファンドカウンターは、百貨店や銀行にあることが多い。担保としてクレジットカードで同額を仮決済する

商品・レシート・パスポートを提示
出国時に税関職員に未開封の商品とレシート、パスポートを提示。リファンドチェックに輸出証明スタンプを押してもらう。ここで担保のクレジットカード仮決済が取り消される

伝統雑貨　デパ地下

伝統雑貨店が集まる仁寺洞エリアは観光客が多く訪れる。そのため、日本語が通じる店舗も多い

これください。 이거 주세요.

指さしながら伝えよう
雑貨カタログ

伝統雑貨
チョントン チャプバ
전통 잡화

チョッカラッ
젓가락
箸

スッカラッ
숟가락
スプーン

ハンジ
한지
韓紙

ジャス
자수
刺繍

ペッジャ
백자
白磁

チョンジャ
청자
青磁

ポッチュモニ
복주머니
巾着

プチェ
부채
うちわ

クション コボ
쿠션 커버
クッションカバー

ナジョン
나전
螺鈿(らでん)

ペゲ
베개
枕

ポッサ
복사
袱紗(ふくさ)

韓国のパッチワーク

ポジャギ
보자기
ポジャギ

イニョン
인형
人形

パウチ
파우치
ポーチ

キホルド
키홀더
キーホルダー

ストゥレプ
스트랩
ストラップ

128

ブッコボ
북 커버
ブックカバー

チュモニ
주머니
小物入れ

ハンボッ
한복
韓服

雑貨・文具
チャプバムング
잡화・문구

ポスティジ
포스티지
ふせん(ポステージ)

ノトゥ
노트
ノート

コスト
코스터
コースター

コウル
거울
手鏡

クリムヨプソ
그림엽서
ポストカード

トムブルロ
텀블러
タンブラー

ピルトン
필통
ペンケース

ポントゥ
봉투
封筒

チェッカルピ
책갈피
しおり

モグコプ
머그컵
マグカップ

ペス ケイス
패스 케이스
パスケース

ジャソッ
자석
マグネット

メシジ カドゥ
메시지 카드
メッセージカード

メモジャン
메모장
メモ帳

ピョンジジ
편지지
便箋

ペン
펜
ペン

ジウゲ
지우개
消しゴム

クルリオ ホルド
클리어 홀더
クリアファイル

スチョプ
수첩
手帳

SHOPPING

コスメ

東大門ファッションビル

オーダーメイド

伝統雑貨

デパ地下

 ハングルをモチーフとした雑貨も多い。最近ではハングルを模様のようにしたアパレル商品も増えている

デパ地下
完全シミュレーション

WHAT IS 『デパ地下』

キムチや海苔など、韓国ならではの食材をおみやげに買うのであればデパ地下へ。現地の人も日常的に利用しているので、本場の味が一挙に手に入る。また、デパートごとにこだわりのプライベートブランドもあり、ひと味違ったおみやげ選びができるのも楽しい。

商品選び

食品売り場はどこですか？
シップム メジャン オディエヨ
식품 매장 어디예요?

韓国海苔はどこで売っていますか？
キム オディソ パラヨ
김 어디서 팔아요?

食品の名前はP.132

これは何ですか？
イゲ モエヨ
이게 뭐예요?

どのくらい持ちますか？
ミョチル チョンド ガヨ
며칠 정도 가요?

食みやげは賞味期限を確認。キムチは比較的日持ちする

冷蔵庫で **本日中です。**
ネンジャンゴエソ オヌル カジエヨ
냉장고에서 오늘 까지예요.

イサミリエヨ 2,3일이에요	2、3日です
イルチュイル チョンドヨ 1주일 정도요	1週間くらいです
シビル チョンドヨ 10일 정도요	10日くらいです
ハンダル チョンドヨ 한 달 정도요	1カ月くらいです

試食

試食してもいいですか?
マッチョム バド テヨ
맛 좀 봐도 돼요?

どうですか?
オッテヨ
어때요?

おいしいでしょ?
マシッチョ
맛있죠?

飛行機に持ち込めますか?
ビエンギエ カジゴ カル ス インナヨ
비행기에 가지고 갈 수 있나요?

お願い

包んでください。
ポジャン ヘ ジュセヨ
포장 해 주세요.

キムチは有料のケースに入れてもらえることも。密閉性が高くて持ち帰りも安心

有料です。
ユリョイムニダ
유료입니다.

日本に持って帰るので
しっかり包んでください。
イルボネ カジョカル コニカ
일본에 가져 갈 거니까
ポジャン チャレ ジュセヨ
포장 잘해 주세요.

多めに入れてください。
マニ ノオ ジュセヨ
많이 넣어 주세요.

量り売りなので
おまけも期待できる

たくさん買うから安くしてください。
マニ サル テニカ サゲヘ ジュセヨ
많이 살 테니까 싸게해 주세요.

デパ地下は地元の韓国人が利用することが多い。上のシミュレーションにトライしてみよう!

これください。 イゴ ジュセヨ
이거 주세요.

指さしながら伝えよう
食みやげカタログ

食品
シップム
식품

キムチ
김치
キムチ

韓国ならではの漬物。定番の白菜キムチや大根を漬けたカクテキまで、辛さも多種多様で、辛くないものもある

キム
김
韓国海苔

塩とごま油で味を付けた海苔。薄くて海苔の目が粗いものが高級品とされている

クァジャ
과자
お菓子

日本では見かけないスナック菓子をおみやげにするのも手

トッ
떡
餅

韓国でも餅はよく食べられる。中にごま餡が入っているものが多い

ハングァ
한과
韓菓

韓国伝統のお茶菓子の総称。油で揚げた軽い食感のものが多い

ラミョン
라면
ラーメン

ラーメンはインスタントが主流。韓国ならではのピリ辛味が多い

ヤックァ
약과
薬菓

韓菓の一つ。小麦粉の生地を油で揚げたもの。さくさくとしている

ユグァ
유과
油菓

もち米で作った生地を油で揚げ、米やごまをまぶしたもの

お酒
スル
술

マッコリ
막걸리
マッコリ

米を主原料として発酵させたお酒。微炭酸の生マッコリや、フルーツの味が付いたものなど種類が多い

ソジュ
소주
焼酎

韓国の焼酎。緑色のビンが目印。度数は20度前後

メッチュ
맥주
ビール

韓国のビールは日本のものに比べて軽い口当たり

調味料
チョミリョ
조미료

コチュジャン
고추장
コチュジャン

韓国料理の味付けに欠かせない唐辛子味噌

ダシダ
다시다
ダシダ

牛肉のダシを凝縮した顆粒の調味料。一気に韓国味に

その他

インサム
인삼
高麗人参

滋養強壮によい高麗人参は韓国でも高級な贈り物として用いられる。ゼリーやキャンディーなども

ハンバンチャ
한방차
韓方茶

東洋医学の考えにもとづいて作られたお茶。お茶の種類によって効果が異なる。詳しくはP.70へ

ハンバン
한방
韓方

韓方薬。市場などで購入できる。粉をヨーグルトと混ぜて肌に乗せれば、パックとして利用できる

郊外には大型スーパー（「マート」という）もあり市民の食生活を支えている。eマートやロッテマートが代表格

ハレ旅 Study 読めば快晴
韓国の1年

旧正月と秋夕はお店がクローズする

韓国にもさまざまな記念日や祝日がある。韓国での最大の祝日は旧正月（ソルラル）と秋夕（チュソク）。日本の正月とお盆のような位置づけで、休みになるお店も多い。せっかく旅行で来たのにお店がほとんど閉まっていた…ということにならないよう、事前に押さえておこう。

\祝日/ **1/1** 元旦（新正）
シンジョン
신정
新暦1月1日は新正と呼ばれ、新年のお祝いは一応する

\祝日/ **3/1** 三一節
サミルジョル
삼일절
日本の植民地支配に抵抗して行った運動をたたえた祝日。観光を控えるほどではないが、知っておきたい

3/14 ホワイトデー
ファイトゥデイ
화이트데이

\祝日/ **5/5** こどもの日
オリニナル
어린이날

\祝日/ **5月中旬（旧暦4/8）**
釈迦誕生日
ソッカタンシニル
석가탄신일

1月 **2月** **3月** **4月** **5月** **6月**

2/14 バレンタインデー
バルレンタインデイ
발렌타인데이

\祝日/ **6/6** 顕忠日
ヒョンチュンイル
현충일
国のために亡くなった殉国兵士たちの魂を追悼する日

\祝日/ **1月下旬〜2月上旬（旧暦1/1）**

前後はお店が閉まるので注意！

旧正月
ソルラル
설날
旧暦の1月1日がお正月本番。連休になり、多くの人が里帰りをする。お雑煮を食べる慣習がある

4/14 ブラックデー
ブルチュンデイ
블랙데이

ジャジャン麺が定番！

バレンタイン、ホワイトデーに恋人ができず、この日までひとりの人たちが中華料理店に集まってジャジャン麺を食べる日。ジャジャン麺の黒い色からきた名前

＼ 季節のあいさつフレーズ ／

▼ 新年&年末 ▼ 「よいお年を」も兼ねている	▼ 秋夕 ▼
あけましておめでとうございます。 セヘ ボッ マニ パドゥセヨ 새해 복 많이 받으세요.	よい秋夕を。 チュルゴウン チュソッ ポネセヨ 즐거운 추석 보내세요.

＼祝日／ 8/15
光復節
クァンボッチョル
광복절
日本による統治から独立し、大韓民国政府が樹立したことを祝う日。各地に太極旗が掲げられる

＼祝日／ 9月中旬〜下旬（旧暦8/15）
秋夕
チュソッ
추석
旧正月と並ぶ大きな休日。日本でいうお盆休みのようなもので、帰省ラッシュになる。ソンピョンという餅を作って食べる

> 連休はお店がクローズ

11/11
ペペロデー
ペペロデイ
빼빼로데이
韓国版ポッキー・プリッツの日。ペペロというスティック状のお菓子をプレゼントしあう。デコレーションされたペペロも販売

7月　8月　9月　10月　11月　12月

9/9
チキンデー
チキンデイ
치킨데이
「99（ググ）」が鶏の鳴き声に似ていることから、チキンを食べる日になった。比較的新しい記念日

＼祝日／ 12/25
クリスマス（聖誕節）
ソンタンジョル
성탄절
キリスト教を信仰している人が多い韓国では、クリスマスは盛大に祝う

＼祝日／ 10/1
開天節
ケチョンジョル
개천절
神話にもとづく建国記念日で、朝鮮民族の歴史的な出発点とされている

12/31
大晦日
ソッタルグムム
섣달그믐
大晦日はカウントダウンイベントなどで盛り上がる

＼祝日／ 10/9
ハングルの日
ハングルナル
한글날

朝鮮王朝4代王である世宗によってハングルの解説書「訓民正音」が制定されたとされる日

SHOPPING

コスメ

東大門ファッションビル

オーダーメイド

伝統雑貨

デパ地下

韓国では、クリスマスが過ぎても、キリストの公現（1/6頃）まで装飾をしまわず、そのまま出してある

断るときはハッキリと！

明洞のコスメショップに入ると、店員さんがやってきて、濃厚な接客をされることが多いんだ。ひとりでゆっくり見たいとき、「大丈夫です」とやんわり断っても店員さんは引き下がらないので、きちんと理由を説明して逃げ切るのがおすすめだよ。下のフレーズを参考にしよう。

「見てるだけ」作戦

見ているだけです。

クニャン
그냥
ポゴ イッソヨ
보고 있어요.

特に買う気がないということが伝わる言い方。ただ、見ているだけなら買ってもらいたいと商品の説明などが始まるリスクはある

「買うもの決まってる」作戦

○○を買いたいのですが。

○○ サゴ
○○사고
シプンデヨ
싶은데요.

目的があって店にいることを意思表示できるフレーズ。買う気のない商品をおすすめされたりするリスクが下がる

「すでに持ってます」作戦

持っています。

カジゴ
가지고
イッソヨ
있어요.

商品のおすすめが止まらないときはすでに持っていると言えばOK。ゆっくり買い物ができるかも!?

ハレ旅会話

ソウル
韓国語

TOURISM

- **P.138** 観光スポット
- **P.140** 写真撮影
- **P.142** 見どころ

観光スポット
共通シミュレーション

> **WHAT IS**　『ソウルの観光スポット』
>
> グルメやショッピング、エステなどがメインに思われがちなソウルにも、観光スポットはたくさんある。韓屋の街並みや、王宮、夜景など、ソウルの「今と昔」を感じられるスポットが多数。繁華街の近くに位置するものも多いので、ショッピングの合間にも回れて効率的だ。

窓口

大人 2枚 ください。
オルン ドゥジャン ジュセヨ
어른 두 장 주세요.

ハンジャン 한 장 1枚	セジャン 세 장 3枚
ネジャン 네 장 4枚	タソッジャン 다섯 장 5枚

子ども 2枚 ください。
オリニ ドゥジャン ジュセヨ
어린이 두 장 주세요.

日本語パンフレットをください。
イルボノ パムプルレッ ジュセヨ
일본어 팜플렛 주세요.

荷物を預けたいのですが。
チムル マッキゴ シプンデヨ
짐을 맡기고 싶은데요.

写真を撮ってもいいですか?
サジン チゴド デナヨ
사진 찍어도 되나요?

今日は何時までですか?
オヌルン ミョッ シカジ ハナヨ
오늘 몇 시까지 하나요?

窓口

6時までです。
ヨソッシ カジョ
6시 까지요.

ハンシ		ドゥシ		セシ	
1시	1時	2시	2時	3시	3時
ネシ		タソッシ		イルゴプシ	
4시	4時	5시	5時	7시	7時
ヨドルシ		アホプシ		ヨルシ	
8시	8時	9시	9時	10시	10時
	ヨランシ		ヨルドゥシ		
	11시	11時	12시	12時	

観覧

日本語ガイドツアーに参加したいのですが。
イルボノ ガイドゥ トゥオエ チャムガ ハゴ シプンデヨ
일본어 가이드 투어에 참가 하고 싶은데요.

カフェなど休憩できる場所はどこですか？
カペナ ヒュシカル ス インヌン ゴスン オディインガヨ
카페나 휴식할 수 있는 곳은 어디인가요?

ここに入ってもいいですか？
ヨギエ トゥロガド デナヨ
여기에 들어가도 되나요?

おみやげはどこで買えますか？
ソンムルン オディソ サル ス イッソヨ
선물은 어디서 살 수 있어요?

一番近いトイレはどこですか？
カジャン カッカウン ファジャンシルン オディインガヨ
가장 가까운 화장실은 어디인가요?

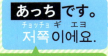
あっちです。
チョッチョギ エヨ
저쪽이에요.

イッチョッ   クッチョッ
이쪽 こっち   그쪽 そっち

昌徳宮、宗廟、景福宮、徳寿宮、昌慶宮の5カ所をお得に回れる「総合観覧券」はバラで買うより4000Wお得

写真撮影必勝フレーズ

思い出の1枚をパチリ！

旅の思い出に写真は欠かせない。
風景だけではなく、自分も写ったほうが思い出深いものになるはず。
写真撮影必勝フレーズを使って、お気に入りの1枚を撮ってもらおう。

フラッシュをたいてください。
プルレシ サヨンヘ ジュセヨ
플래시 사용해 주세요.

ジャンプしたときに撮ってください。
ジョムプハルテ チゴ ジュセヨ
점프할때 찍어 주세요.

写真を撮ってください。
サジン チョム チゴ ジュセヨ
사진 좀 찍어 주세요.

ここを押してください。
ヨギ ヌルセヨ
여기 누르세요.

ソウルタワー が入るように撮ってください。
ソウルタウォ ナオゲ チゴ ジュセヨ
서울타워 나오게 찍어 주세요.

キョンボックン 경복궁	景福宮	トッスグン 덕수궁	徳寿宮	チャンドックン 창덕궁	昌徳宮
チャンギョングン 창경궁	昌慶宮	チョンミョ 종묘	宗廟	ワングン 왕궁	王宮	ムン 문	門
ハンガン 한강	漢江	ユクサムビルディン 63빌딩	63ビル	コンムル 건물	建物

ソウル見どころ
必勝フレーズ

見どころ1 古宮
コグン
고궁

 景福宮
キョンボックン
경복궁

日本語ツアーは何時からですか？
イルボノ トゥオヌン ミョ シエ シジャッテナヨ
일본어 투어는 몇 시에 시작되나요?

どこから出発しますか？
オディエソ チュルバレヨ
어디에서 출발해요?

徳寿宮
トッスグン
덕수궁

今日は交代式はありますか？
オヌルン キョデシッ イッソヨ
오늘은 교대식 있어요?

漢江遊覧船汝矣島
ターミナル
ハンガン ユラムソン
한강 유람선
ヨイド トミノル
여의도 터미널

見どころ2 漢江の夜景
ハンガンエ ヤギョン
한강의 야경

噴水ショーはどこで見られますか？
プンス ショヌン オディエソ ポル ス インナヨ
분수 쇼는 어디에서 볼 수 있나요?

漢江
ハンガン
한강

遊覧船に乗りたいのですが。
ユラムソヌル タゴ シプンデヨ
유람선을 타고 싶은데요.

142

TOURISM

昌徳宮
チャンドックン
창덕궁

昌慶宮
チャンギョングン
창경궁

見どころ **Nソウルタワー**
エン ソウル タウォ
N서울 타워

観光スポット

宗廟
チョンミョ
종묘

Nソウルタワー
エンソウルタウォ
N서울 타워

レストランは
どこですか？
レストランウン
레스토랑은
オディエヨ
어디예요?

写真撮影

展望台は
どこですか？
チョンマンデヌン
전망대는
オディエヨ
어디예요?

見どころ

盤浦大橋
バンポデギョ
반포대교

伝統

🌱 Nソウルタワーに行くなら、明洞と南大門、ソウル駅から出ている「南山循環バス」が便利。運賃も850Wと格安　143

ハレ旅 Study
読めば快晴
韓国の伝統に触れる

知っておくと観光がもっと楽しくなる

　ショッピングやグルメに夢中で後回しになりがちなソウル観光だが、それではもったいない！　ソウルは繁華街のすぐ近くに歴史的建造物が立っている。たとえば徳寿宮はすぐ隣に全面ガラス張りのソウル市庁があり、「今」と「昔」を同時に感じられるのだ。

　是非知っておきたいのが建物の名前の規則性。古宮巡りがより楽しくなるはず。

韓国の伝統文化はココで触れられる！

仁寺洞エリア

仁寺洞 인사동 インサドン

古宮が多く集まり、歴史的な情緒が漂う。徒歩圏内の安国駅周辺には、伝統家屋である「韓屋（ハノク）」が立ち並び、散策にぴったり。刺繍やポジャギ（P.128）など、伝統みやげも多くそろう

宮 を知る

ソウル観光の目玉といえば、古宮巡り。歴史ドラマで見た風景を間近で体感できる。建物に付いている名前の最後の一文字（「殿」「堂」など）に注目してみると、その建物の役割が分かる

建物の名前で何をしていた場所か分かる

殿　전 ジョン	堂　당 ダン
王、后、王の母（大妃／テピ）のみが使うことを許された建物。古宮の中でメインとなる場所。付属する建物は「閣」という文字が付く	次期の王（世子／セジャ）が過ごしたり、日常の業務が執り行われていた場所

景福宮の勤政殿

昌慶宮の崇文堂

模様を知る

韓国の伝統的な模様の名前をご紹介。伝統みやげなどを買うときなどに、より「韓国っぽい」ものを見つけるヒントになるかもしれない

太極　テグッ　태극

古代中国の宇宙観で、万物を構成する「陰」「陽」ふたつの気に分かれる前の根源の気を表す

双喜字　サンヒジャ　쌍희자

「喜」という字がふたつ連なっている。結婚式などおめでたいときに用いることが多い

丹青　タンチョン　단청

極彩色を使った模様。モチーフは動物や植物などが多い。歴史建築などに見られる

ヘテ　ヘテ　해태

獅子のような、想像上の生き物。正義・公正の象徴。日本の狛犬の起源とも言われる

楼／亭　ル／ジョン　루／정

宴などが開催されていた場所。美しい庭があることも多い

景福宮の香遠亭

景福宮の慶会楼

斎／軒　ジェ／ホン　재／헌

王族などがプライベートで利用していた場所

徳寿宮の静観軒

宮殿で用いられる丹青の極彩色は、邪気を払う力があるとされる。陰陽五行にもとづき宮殿などのみに使用が許された

\、 これを知っていれば韓国ツウ ／
韓国の略語・流行語

韓国には独特の略語や、ネット用語が多数ある。
これを使えれば韓国ツウと思われること間違いなし！

略語
長い単語は頭文字をとって短く言うことが多い

脳がセクシーな男 → 뇌섹남 (ネセンナム)

脳がセクシーな男
뇌가 섹시한 남자
(ネガ セッシハン ナムジャ)

知性のある、スマートな男性を指す。ネセンナムをテーマにしたバラエティ番組もある。「彼はネセンナムだね」と使う

胸キュン → 심쿵 (シムクン)

心臓がキュンキュン
심장이 쿵쾅쿵쾅
(シムジャンイ クンクァンクンクァン)

アイドルグループの曲のタイトルにもなった略語。かわいいものを見たりして胸がキュンとしたときに「ア〜シムクン！」と使う

惚れっぽい → 금사빠 (クムサッパ)

すぐに恋に落ちる
금방 사랑에 빠지는
(クムバン サランエ パジヌン)

惚れっぽい人に付ける修飾語。「금사빠 여자(クムサッパ ヨジャ／惚れっぽい女)」のように使う

ネットで使える略語・顔文字
SNSや、カカオトークなどのメッセージアプリで使える、ハングルを使った略語や顔文字を紹介

- うんうん → ㅇㅇ
- オッケー → ㅇㅋ
- ふふふ → ㅎㅎㅎ
- ううん(否定) → ㄴㄴ
- www → ㅋㅋㅋ
- ガタガタ(震え) → ㄷㄷ
- ハッ(驚き) → 헉….

★ 悲しい
ㅠㅠ ㅜ.ㅜ
ㅜㅜ ㅠ.ㅠ

★ びっくり
ㅇㅅㅇ ㅇㅂㅇ
ㅇㅁㅇ ㅇㅈㅇ

★ にっこり
^ㅁ^ ^ㅂ^
^ㅅ^ ^ㅇ^

ハレ旅会話

ソウル
韓国語

PLAY

- P.148 コンサート
- P.154 アイドル追っかけ韓国語
- P.156 妄想恋愛

コンサート
完全シミュレーション

WHAT IS 　　『韓流コンサート』

韓国のコンサートでは間近でアーティストのパフォーマンスを見ることができる。大きめの会場なら「SKハンドボール競技場」(オリンピック公園駅)や「蚕室(チャムシル)総合運動場」(蚕室駅)、小さめの会場なら「AX KOREA」(クァンナル駅)などが主流。

チケット窓口

ここでチケットの予約はできますか？
ヨギソ ティケッ イェヤグル ハル ス イッソヨ
여기서 티켓 예약을 할 수 있어요?

まだチケットは買えますか？
アジッ ティケッ サル ス イッソヨ
아직 티켓 살 수 있어요?

はい。／今日のチケットは完売です。
イェ　ネ
예./네.
オヌル ティケッ メジニムニダ
/오늘 티켓 매진입니다.

今日の公演は何時からですか？
オヌル コンヨン ミョッ シブトエヨ
오늘 공연 몇 시부터예요?

ほかの時間は P.197

昼の部は2時から、夜の部は6時からです
ナッ コンヨヌン ドゥシブト
낮 공연은 2시부터,
パム コンヨヌン ヨソッ シブト イムニダ
밤 공연은 6시부터입니다.

チケット窓口

誰が出演しますか？
ヌガ チュリョナナヨ
누가 출연하나요?

何名様ですか？
ミョップ ニ セヨ
몇 분이세요?

大人 2枚 ください。
オルン ドゥジャン ジュセヨ
어른 두 장 주세요.

ハンジャン 한 장	1枚	セジャン 세 장	3枚
ネジャン 네 장	4枚	タソッジャン 다섯 장	5枚

別々の席でも構いません。
チャリガ トロジョ イッソド ケンチャナヨ
자리가 떨어져 있어도 괜찮아요.

並びの席がいいです。
カチ インヌン チャリガ チョアヨ
같이 있는 자리가 좋아요.

一番高い（安い）席はいくらですか？
カジャン ピッサン（サン） チャリヌン オルマエヨ
가장 비싼(싼) 자리는 얼마예요?

開演は何時ですか？
コンヨン シジャグン ミョッ シエヨ
공연 시작은 몇 시예요?

終演は何時ですか？
コンヨン チョンヨヌン ミョッ シエヨ
공연 종연은 몇 시예요?

グッズ売り場はどこですか？
グッジュ メジャン オディエヨ
굿즈 매장 어디예요?

チケットをリストバンドと交換することも。「腕輪配布所（パルチベブチョ／팔찌배부처）」が目印

| 入場 | スタンディングの場合、開演時間前に整理番号順に並ぶ |

何番ですか？
ミョッ ボニセヨ
몇 번이세요?

並んでいる人に
チケットを見せて

どこに並べばいいですか？
オディエ ジュルル ソヤ テヨ
어디에 줄을 서야 돼요?

ここに並べばいいですか？
ヨギエ ジュルル ソミョン テヨ
여기에 줄을 서면 돼요?

入場時、自分で
チケットを切り離し
スタッフに半券を渡す

| 待ち時間にファンと交流 |

誰のファンですか？
ヌグ ペニエヨ
누구 팬이에요?

どのメンバーが好きですか？
オヌ メムボガ チョアヨ
어느 멤버가 좋아요?

○○さんのファンです。
○○ シ ペニエヨ
○○ 씨 팬이에요.

わたしもです。
チョドヨ
저도요.

好きな曲は何ですか？
チョアハヌン コグン モエヨ
좋아하는 곡은 뭐예요?

わたしは「○○」が好きです。
チョヌン ○○ ガ チョアヨ
저는 "○○"가 좋아요.

| 待ち時間にファンと交流 | 佐藤晴子と申します。
サト ハル コ ラゴ ヘヨ
사토 하루코라고 해요. |

カカオトークしましょう！
ウリ カトッ ハプシダ
우리 카톡 합시다！

韓国ではLINEではなくカカオトークが主流

日本に来られたら連絡してください。
イルボネ オシミョン ヨルラッ ジュセヨ
일본에 오시면 연락 주세요.

またコンサートで会いましょう。
ト コンソトゥエソ マンナヨ
또 콘서트에서 만나요.

会場内

指定席の場合

 この席まで案内してください。
イ チャリカジ アンネヘ ジュセヨ
이 자리까지 안내해 주세요.

チケットを見せながら

 ここはわたしの席です。
ヨギン チェ チャリエヨ
여긴 제 자리예요.

 一番近いトイレはどこですか？
カジャン カッカウン ファジャンシル オディエヨ
가장 가까운 화장실 어디예요？

公演中

スタンディングの場合

 押さないでください！！
ミルジ マセヨ
밀지 마세요！！

退場

 感動した！
カムドンヘッソ
감동했어！

日本のコンサートとの最大の違いは、韓国では観客がほぼ一緒に歌うこと。恥ずかしがらずに盛り上がろう

Activity Catalog

韓国語ナシでOK!
その他のPLAYスポット

チマ チョゴリ チャリョン
치마 저고리 촬영
チマチョゴリ撮影

韓国の伝統衣装、チマチョゴリを着て撮影をする。
オプションでかつらやメイクもプラスできる。

Price
(例) 体験コース(衣装1着、持参したカメラで撮影) 2万W
その他さまざまなコースあり

ミュジッ ショ
뮤직 쇼
ミュージックショー

ダンスやパフォーマンスを中心としたショー。韓国語が分からなくても楽しめる構成になっている

Price
4〜7万W程度
(座席の種類により価格は異なる)

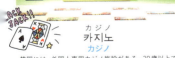

カジノ
카지노
カジノ

韓国には、外国人専用カジノ施設がある。20歳以上であれば入場可能。一攫千金も夢じゃない!?

Price
最低賭け金1500W程度〜
(ゲームの種類によって異なる)

サジュ
사주
占い

カフェのような店内で、お茶を飲みながら占いを受けられる。四柱推命が主流

Price
1〜3万W(ドリンク代別)
(店、年齢によって異なる)

☀ 韓国では、可愛い仕草のことを「愛嬌(エギョ/애교)」といい、ファンはアイドルの愛嬌を見たがる

153

200%幸せになる！
アイドル追っかけ韓国語

必勝ボード作り

K-POPのコンサートの必需品は、応援ボード。自分の「推しメン」の名前や、メッセージを書いていけば、もしかしたらファンサービスがもらえるかもしれない。黒地の厚紙に、蛍光色のカッティングシートを貼り付けるのが一般的。ステージからも見えるよう、大きめの文字にするのがポイント！

▶▶ ハングルのグループ名をチェック！◀◀

男性グループ

| BIGBANG ビッペン 빅뱅 | JYJ ジェイワイジェイ 제이와이제이 | 東方神起 トンバンシンギ 동방신기 | 2PM トゥピエム 투피엠 |

| SUPER JUNIOR シュポジュニオ 슈퍼주니어 | BEAST ビストゥ 비스트 | CNBLUE シエンブル 씨엔블루 |

| FTISLAND エプティアイレンドゥ 에프티아일랜드 | INFINITE インピニトゥ 인피니트 | SHINee シャイニ 샤이니 |

| EXO エクソ 엑소 | B1A4 ビウォネイポ 비원에이포 | Block.B ブラッピ 블락비 | B.A.P ビエイピ 비에이피 |

| GOT7 ガッセブン 갓세븐 | WINNER ウィノ 위너 | 防弾少年団 バンタンソニョンダン 방탄소년단 |

女性グループ

| 少女時代 ソニョシデ 소녀시대 | 2NE1 トゥエニウォン 투애니원 | KARA カラ 카라 | T-ara ティアラ 티아라 |

| Sistar シスタ 씨스타 | 4minute ポミニッ 포미닛 | miss A ミスエイ 미쓰에이 |

| Apink エイピンク 에이핑크 | AOA エイオエイ 에이오에이 | Girl's Day ゴルスデイ 걸스데이 |

▶▶ ファンサービスをもらえるフレーズ ◀◀

指で撃って → 총알을 날려 줘 (チョンアルル ナルリョ ジョ)

ハート飛ばして → 하트 날려 줘 (ハトゥ ナルリョ ジョ)

投げキッスして → 손키스 해 줘 (ソンキス ヘ ジョ)

ピースして → 브이 해 줘 (ブイ ヘ ジョ)

わたしだけ見つめて → 나만 바라봐 (ナマン パラバ)

指さして → 손짓해 줘 (ソンジッヘ ジョ)

手でハート作って → 손으로 하트 해 줘 (ソヌロ ハトゥ ヘ ジョ)

必勝ファンレターフォーマット ♪

憧れのアイドルに自分の気持ちを伝えたいなら、ぜひハングルでファンレターを書いてみよう。
ファンレターは事務所宛に送ったり、コンサート会場にプレゼントBOXが設置されていることも

○○さんへ
○○ 씨에게

> 「へ」は에게。
> 目上の人なら
> ~께になる

こんにちは。初めて手紙を書きます…(緊張)
안녕하세요? 처음 편지 써요…(긴장)

> 韓国語では
> 「」ではなく
> ""を使う

わたしは日本に住んでいる晴子といいます。
저는 일본에서 살고 있는 하루코예요.

「曲名」を聞いて<グループ名>のファンになりました。
"曲名"를 듣고 <그룹 명>의 팬이 되었어요.

○○さんの歌/ラップ/ダンス/演技が本当に好きです!!
○○ 씨의 노래/랩/춤/연기 진짜 좋아요!!

ステージの上の○○さんは輝いて見えます!!(泣)
무대 위에 있는 ○○ 씨는 빛나 보여요!!ㅠㅠㅠㅠ

> 顔文字のように
> ハングルを使って
> 親しみやすく

○月に日本でコンサートがありますよね。
○월에 일본 콘서트 있잖아요.

> コンサートなどに
> 行く予定がある場合、
> その旨もアピール!

わたしは○日の東京公演に行きます。
저는 ○일 도쿄공연에 갈 거예요.

目の前で○○さんを見られることを楽しみにしています!
눈앞에서 ○○ 씨를 볼 수 있기를 기대하고 있어요!

日本に来たらぜひスカイツリーに上ってみてください。
일본에 오면 스카이트리에 꼭 올라가 보세요.

ツイッターで写真待ってます!(笑)
트위터의 사진 기다릴게요!ㅎㅎㅎ

> 「ふふふ」
> という意味

これからもずっと応援しています!
앞으로도 오래오래 응원할게요!

晴子より
하루코가

> 가は親しみを込め
> た「より」。目上の
> 人には 올림を使う

🌟 日本にファンクラブがある場合、ファンクラブ宛に手紙を送るのが安心。韓国の場合は所属事務所へ

妄想恋愛
完全シミュレーション

出会い

どこかでお会いしたような…。
オディソ ペン ゴッ ガットゥンデ
어디서 뵌 것 같은데….

おきれいですね。
イェップ シ ネヨ
예쁘시네요.

かっこいいですね。
チャルセンギションネヨ
잘생기셨네요.

いやいや(違います)…。
アニエヨ
아니에요….

○○に似ています。
○○ラン タルムショッソヨ
○○랑 닮으셨어요.

芸能人の名前などを
あてはめて!

おいくつですか?
ナイガ オットッケ テセヨ
나이가 어떻게 되세요?

28歳です。
スムルヨドルサリムニダ
28살입니다.

年齢は
P.195

**プライベートな
ことも聞かれる**

初対面でも年齢を聞いたり職業を聞いたり、かなり深い部分まで質問される

どんな人がタイプですか?
イサンヒョウン オットッケ テヨ
이상형은 어떻게 돼요?

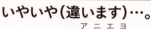

カカオトークのIDを教えてください。
カトッ アイディルル アルリョジュセヨ
카톡 아이디를 알려주세요.

はい。
ネ
네.

定番はLINEより カカオトーク

韓国のメッセージアプリは、ほぼ100%カカオトーク。LINEは持っていない人もいるのでカカオトークをダウンロードしておくとスムーズ

連絡しますね。
ヨルラッカルケヨ
연락할게요.

デート

何しましょうか?
ウリ モ ハルレヨ
우리 뭐 할래요?

どこに行きましょうか?
ウリ オディロ カルカヨ
우리 어디로 갈까요?

何が食べたいですか?
モ モッコ シポヨ
뭐 먹고 싶어요?

ドライブしたいです。
ドゥライブ カゴ シポヨ
드라이브 가고 싶어요.

ヨンファ ポゴ シポヨ
영화 보고 싶어요. 映画を観たいです。

ショピンハゴ シポヨ
쇼핑하고 싶어요. 買い物をしたいです。

エンソウルタウォ カゴ シポヨ
N서울타워 가고 싶어요. Nソウルタワーに行きたいです。

ハングン ニョリ モッコ シポヨ
한국 요리 먹고 싶어요. 韓国料理を食べたいです。

PLAY / コンサート / アイドル / 恋愛 / その他

カップルで洋服をペアルックにするのも韓国では普通。「カップルルック（コプル ルッ／커플 룩）」という

デート

一緒ならどこでもいいです。
カ チ イッスミョン オディラド ケンチャナヨ
같이 있으면 어디라도 괜찮아요.

割り勘文化はナシ！
韓国のデートは、ごはんは男性が全額出し、カフェなどは女性が全額出すことが多い。割り勘はほぼなし

今日は私がおごります。
オヌルン ネガ パプ サルケヨ
오늘은 내가 밥 살게요.

手をつなぎたいです。
ソン チャプコ シポヨ
손 잡고 싶어요.

スキンシップ激しめ!?
韓国の人は友達同士でもスキンシップが多い。日本人からすると勘違いしてしまうことがあるかも…!?

次は○○に行こう。
タウメン ○○ エ カジャ
다음엔 ○○에 가자.

気を付けて帰ってください。
チョシメ カセヨ
조심해 가세요.

家まで送りましょうか？
チプカジ パレダ トゥリルカヨ
집까지 바래다 드릴까요?

告白

私と付き合ってくれませんか？
チョラン サギョ ジュシルレヨ
저랑 사귀어 주실래요?

あなたの彼氏(彼女)になりたいです。
タンシネ ナムジャチング ヨジャチング ガ テゴ シポヨ
당신의 남자친구(여자친구)가 되고 싶어요.

よろしくお願いします。
/ごめんなさい。
チャル プタケヨ
잘 부탁해요.
チェソンヘ ヨ
/죄송해요.

韓国人は諦めない!?
一度振られても諦めず、2度でも3度でもチャレンジするのが韓国男子

交際

付き合うとタメ語に
年上に対して敬語をきちんと使う韓国だが、付き合うと互いにタメ語(パンマル)になることが多い

会いたい。
ポゴ シポ
보고 싶어.

ハニー、何してるの?
チャギヤ モヘ
자기야, 뭐해?

浮気しないでね。
パラム ピウジ マ
바람 피우지 마.

やっぱり○○以外いない。
ヨッシ ○○ パッケ オプソ
역시 ○○밖에 없어.

○○は俺の(わたしの)もの!
○○ ネッコヤ
○○내꺼야!

記念日大好き
付き合って50日、100日記念日などはプレゼントを贈り合ったり、高級レストランに行くなどしてお祝いする

 プロポーズ

結婚してくれますか?
キョロネ ジュルレヨ
결혼해 줄래요?

私の妻に(夫に)なってくれますか?
ナエ アネガ ナンピョニ テ ジュルレヨ
나의 아내가(남편이) 돼 줄래요?

○○の子どもが欲しいです。
○○エ アイガ カッコ シポヨ
○○의 아이가 갖고 싶어요.

一生一緒に暮らしたいです。
ピョンセン ハムケ サルゴ シポヨ
평생 함께 살고 싶어요.

私たち幸せになろうね。
ウリ ヘンボカジャ
우리 행복하자.

韓国の結婚式はとてもカジュアル。参列者の服装はワンピースやジャケットを羽織っていればOK

ハレ's advice 女性に"オッパ"と言われると男性は♡

「お兄さん」「お姉さん」という言葉は、実際に血縁関係がなくても使えるよ。ただ、使う人の性別によって呼び方は変化するんだ。タビくんは男の子だから、お兄さんに対しては「ヒョン／형」と呼ぶべきだったんだよ。お兄さんがビックリしちゃうのも無理はないよね…。

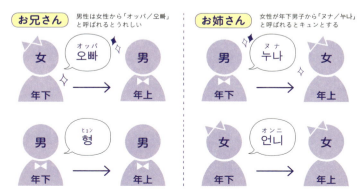

ハレ旅会話

ソウル
韓国語

TRAVEL

- P.162 ホテル
- P.168 入国
- P.170 出国
- P.172 機内
- P.174 空港鉄道
- P.176 空港リムジンバス
- P.178 地下鉄
- P.180 タクシー
- P.186 両替所
- P.188 郵便局
- P.190 Wi-Fiレンタル
- P.192 韓国語講座

ホテル

完全シミュレーション

『韓国ステイ』

韓国での宿泊方法は、一般的なホテルやゲストハウス、マンションのようにキッチンや洗濯機が備わっているレジデンス、伝統的な建物に泊まれる韓屋ステイと、大きく分けて3タイプ。チェックイン・チェックアウトの方法はどこも共通。予算や好みに合わせて選ぼう。

チェックインお願いします。
チェキン プタカムニダ
체크인 부탁합니다.

日本語できる方はいらっしゃいますか？
イルボノ ハシヌン ブニ ケシンガヨ
일본어 하시는 분이 계신가요?

予約した佐藤晴子です。
イェヤッカン サトハルコイムニダ
예약한 사토하루코입니다.

チェックインは2時からです。
チェクイヌン ドゥシブトイムニダ
체크인은 2시부터입니다.

それまで荷物を預かってもらえますか？
クッテカジ チムル ポグァネ ジュシル ス イッソヨ
그때까지 짐을 보관해 주실 수 있어요?

眺めのいい部屋をお願いします。
チョンマンイ チョウン パンウル プタケヨ
전망이 좋은 방을 부탁해요.

静かな部屋をお願いします。
チョヨンハン パンウル プタケヨ
조용한 방을 부탁해요.

チェックイン

喫煙室をお願いします。
フピョンシルル ブタケヨ
흡연실을 부탁해요.

禁煙室をお願いします。
クミョンシルル ブタケヨ
금연실을 부탁해요.

数字は
P.194

503号室です。
オペッサ モ シ リムニダ
503호실입니다.

朝食は何時からですか？
アチム シッサヌン ミョッ シブトエヨ
아침 식사는 몇 시부터예요?

チェックアウトは何時ですか？
チェクアウスン ミョッ シ エヨ
체크아웃은 몇 시예요?

荷物を部屋に運んでください。
チムル パンエ オムギョ ジュセヨ
짐을 방에 옮겨 주세요.

エレベーターはどこですか？
エルリペイトヌン オディエヨ
엘리베이터는 어디예요?

レストランウン
레스토랑은 レストランは　　バヌン
　　　　　　　　　　　바는 バーは

ヘルスクルロブン　　　　　　　メジョムン
헬스클럽은 スポーツジムは 매점은 売店は

貴重品を預かってもらえますか？
キジュンプムル ボグァネ ジュシル ス イッソヨ
귀중품을 보관해 주실 수 있어요?

部屋にあるセーフティボックスを使ってください。
パンエ インヌン セイプティ パクスルル スセヨ
방에 있는 세이프티 박스를 쓰세요.

滞在中

こちら503号室ですが。
ヨギ オベッサモ シリンデヨ
여기 503호실인데요.

困ったらフロントに電話！ 数字はP.194

どうなさいましたか？
ムスン イリシムニカ
무슨 일이십니까?

お湯が出ません。
トゥゴウン ムリ アン ナワヨ
뜨거운 물이 안 나와요.

エアコンがつきません。
エ オ コ ニ アン キョジョヨ
에어컨이 안 켜져요.

テルレビジョニ 텔레비전이 テレビが　チョンギガ 전기가 電気が

トイレの水が流れません。
ファジャンシレ ムリ アン ネリョガヨ
화장실의 물이 안 내려가요.

セーフティボックスの使い方を教えてください。
セイプティ パッス サヨンポプ チョム カルチョ ジュセヨ
세이프티 박스 사용법 좀 가르쳐 주세요.

隣の部屋がうるさいです。
ヨプバンイ シックロウォヨ
옆방이 시끄러워요.

部屋を替えたいです。
パンウル パックゴ シポヨ
방을 바꾸고 싶어요.

すぐ伺います。
コッ カゲッスムニダ
곧 가겠습니다.

滞在中

できるだけ早く来てください。
カヌンハン ナン パルリ ワ ジュセヨ
가능한 한 빨리 와 주세요.

お願い

毛布を貸してください。
タムニョ ビルリョ ジュセヨ
담요 빌려 주세요.

ピョナプキ　　　　　　　チュンジョンギ
변압기 変圧器　　충전기 充電器

ドゥライオ　　　　　　　　　カスプキ
드라이어 ドライヤー　　가습기 加湿器

トイレットペーパーを持ってきてください。
ファジャンジルル カジョダ ジュセヨ
화장지를 가져다 주세요.

セ バスタウォルル
새 바스타월을 新しいバスタオル

外出

部屋の掃除をしてください。
パン チョンソルル ブタケヨ
방 청소를 부탁해요.

ファンジョヌル　　　　　モニン コルル
환전을 両替を　　모닝 콜을 モーニングコールを

タクシーを呼んでください。
テクシルル プルロ ジュセヨ
택시를 불러 주세요.

このホテルの住所が書いてあるカードをください。
イ ホテレ ジュソガ ソ インヌン カドゥ ジュセヨ
이 호텔의 주소가 써 있는 카드 주세요.

滞在中

もう1泊したいのですが。
ハルッパム ド ムッコ シブンデヨ
하룻밤 더 묵고 싶은데요.

ホテルの予約は日本から事前にしていこう。「コネスト」や「ユートラベルノート」からWEB予約が可能

外出

鍵を失くしてしまいました。
ヨルセルル イロボリョッソヨ
열쇠를 잃어버렸어요.

紛失料がかかります。
プンシルリョガ パルセンハムニダ
분실료가 발생합니다.

部屋に鍵を置いてきてしまいました。
パンエダ ヨルセルル トゥゴ ワッソヨ
방에다 열쇠를 두고 왔어요.

 チェックアウト

チェックアウトをお願いします。
チェクアウッ プタカムニダ
체크아웃 부탁합니다.

ルームサービスは利用していません。
ルムソビスヌン イヨンハジ アナッソヨ
룸서비스는 이용하지 않았어요.

15万Wです。
シボマ ヌォニムニダ
15만 원입니다.

カードで払います。
カドゥロ ネルケヨ
카드로 낼게요.

荷物を預かってもらえば
最終日の観光もラクラク

今日一日荷物を預かってもらえますか？
オヌル ハル チムル ポグァネ ジュシル ス イッソヨ
오늘 하루 짐을 보관해 주실 수 있어요?

空港バスの停留所はどこですか？
コンハンボス チョンニュジャンウン オディエヨ
공항버스 정류장은 어디예요?

HOTEL

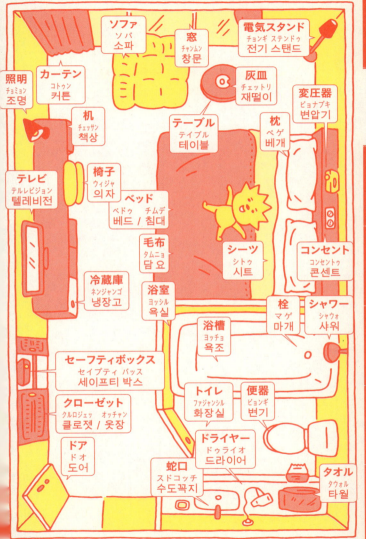

入国
完全シミュレーション

入国審査

入国カードとパスポートを用意！

パスポートを見せてください。
ヨグォヌル ボヨ ジュセヨ
여권을 보여 주세요.

入国の目的は何ですか？
イプクッ モッチョギ モムニカ
입국 목적이 뭡니까?

観光です。
クァングァンイヨ
관광이요.

きちんと書類を書いていれば、このやりとりはないことが多い

仕事です。
イリヨ　　ビジュニスヨ
일이요./비즈니스요.

滞在は何日間ですか？
オルマナ モム シジョ
얼마나 머무시죠?

2日間です。
イイルガン イッスムニダ
2일간 있습니다.

サミル	サイル	オイル
3일 3日	4일 4日	5일 5日

どちらに滞在しますか？
オディエソ チェリュハムニカ
어디에서 체류합니까?

ロッテホテルです。
ロッテ ホテリエヨ
롯데 호텔이에요.

入国審査

友人の家です。
チング　チビエヨ
친구 집이에요.

荷物受け取り

預け入れ荷物はどこで受け取れますか？
マッキン　チムン　オディエソ　パダヨ
맡긴 짐은 어디에서 받아요?

わたしの荷物が見当たりません。
チェ　チミ　ポイジ　アナヨ
제 짐이 보이지 않아요.

手荷物引換証を見せてください。
チムピョルル　ポヨ　ジュセヨ
짐표를 보여 주세요.

見つかり次第ホテルに届けてください。
チャンヌンデロ　ホテルロ　ポネ　ジュセヨ
찾는대로 호텔로 보내 주세요.

スーツケースが破損しています。
チミ　パソンテッソヨ
짐이 파손됐어요.

税関検査

通常は、預け入れ荷物を受け取ってから出口の近くに立っている税関検査員に税関申告書を手渡して終了。引き止められることはまれ

中身はなんですか？
ネヨンウン　モムニカ
내용은 뭡니까?

友達へのおみやげです。
チングエゲ　ジュル　ソンムリエヨ
친구에게 줄 선물이에요.

わたしの日用品です。
チョエ　イルヨンプ　ミ　エヨ
저의 일용품이에요.

入国審査のゲートは、「外国人用」のゲートを利用する。ピンク色のモニターが目印（韓国人は緑色のモニター）

出国完全シミュレーション

チェックイン

まずはチェックインカウンターでeチケットとパスポートを提示

窓側(通路側)の席がいいんですが。
チャンガッチョッ(トンロチョッ) ジャソギ チョウンデヨ
창가쪽(통로쪽) 좌석이 좋은데요.

友達と隣り合わせにしてください。
チングラン カチ アンケ ヘ ジュセヨ
친구랑 같이 앉게 해 주세요.

一緒にチェックインすれば隣にしてもらえる

出発まで時間がありません！
チュルバルカジ シガニ オプソヨ
출발까지 시간이 없어요!

他の便に替えたいのですが。
タルン ピョヌロ パックゴ シプンデヨ
다른 편으로 바꾸고 싶은데요.

定刻に出発しますか？
チョンガゲ チュルバレヨ
정각에 출발해요?

どのくらい遅れますか？
オヌ チョンド ヌジョジョヨ
어느 정도 늦어져요?

荷物を預ける

コンピューターやスプレーは入っていませんか？
コムピュトナ スプレイヌン トゥロ イッチ アンスムニカ
컴퓨터나 스프레이는 들어 있지 않습니까?

割れ物が入っています。/入っていません。
ケジギ シウン ムルゴニ トゥロ イッソヨ
깨지기 쉬운 물건이 들어 있어요.
アン トゥロ イッソヨ
/안 들어 있어요.

荷物を預ける

フラジャイルシールを貼ってください。
プラジャイル スティコ プチョジュセヨ
프라자일 스티커 붙여 주세요.

これは持ち込めません。
イゴスル カジゴ タルス オプスムニダ
이것을 가지고 탈수 없습니다.

一度荷物を出してもいいですか？
イルタン チムル コネ ド テルカヨ
일단 짐을 꺼내도 될까요?

超過料金が必要です。
チョグァ ヨグミ ピリョハムニダ
초과 요금이 필요합니다.

預け入れ荷物の重量制限
JAL, ANA	23kg×2個まで無料
アシアナ	20kg×1個まで無料
大韓	23kg×1個まで無料

＊2016年3月時点。エコノミークラスの場合。最新規定は事前に航空会社に問い合わせを。

いくらですか？
オルマエヨ
얼마예요？

カードで決済可

搭乗前

(搭乗券を見せて)このゲートはどこですか？
イ ゲイトゥヌン オディエヨ
이 게이트는 어디예요？

免税店はどこですか？
ミョンセジョムン オディエヨ
면세점은 어디예요？

◀ 空港アナウンス

ご案内いたします。大韓航空100便羽田行きにご搭乗のお客様は、ただいまより搭乗を開始いたします。
アンネ マルスム トゥリゲッスムニダ テハンハンゴンイルゴンピョン ハネ ダヘン
안내 말씀 드리겠습니다. 대한항공 100편 하네다행
タプスンゲグン チグムブト タプスヌル ケシハムニダ
탑승객은 지금부터 탑승을 개시합니다.

仁川空港は飛行機の便数が膨大で手続きに時間がかかるので、出発の2時間前には到着しておきたい

TRAVEL / ホテル / 空港・飛行機 / 空港⇄市内 / 市内の移動 / その他 / 韓国語講座

機内
完全シミュレーション

CAに

(航空券を見せながら)わたしの席はどこですか?
チェ チャリ オディエヨ
제 자리 어디예요?

荷物を上げてください。
チムル オルリョ ジュセヨ
짐을 올려 주세요.

トイレはどこですか?
ファジャンシル オディエヨ
화장실 어디예요?

ブランケットをください。
ブルレンキッ ジュセヨ
블랭킷 주세요.

ベゲ	チャプチ	シンムン	イオポン
베개 枕	잡지 雑誌	신문 新聞	이어폰 イヤホン

セグァン シンゴソ　　　　　　　　イブクッ シンゴソ
세관 신고서 税関申告書　　입국 신고서 入国申告書

寒い(暑い)です。
チュウン トウン デヨ
추운 (더운) 데요.

気持ち悪いのですが。
ソギ チョム アン チョウンデヨ
속이 좀 안 좋은데요.

席を変えてもらえますか?
チャリルル バックォ ジュシゲッソヨ
자리를 바꿔 주시겠어요?

食事の時間になっても起こさないでください。
シッサ シガニ テド ケウジ マセヨ
식사 시간이 돼도 깨우지 마세요.

| 食事 | 食事をください。
シッサ ジュセヨ
식사 주세요. |

オレンジジュースをください。
オレンジ ジュス ジュセヨ
오렌지 주스 주세요.

| コルラ
콜라 コーラ | コビ
커피 コーヒー | ノッチャ
녹차 緑茶 |
| ムル
물 水 | メッチュ
맥주 ビール | ワイン
와인 ワイン |

(指さして)下げてください。
チウォ ジュセヨ
치워 주세요.

| 機内販売 | (カタログを見せて)これください。
イゴ ジュセヨ
이거 주세요. |

カードで払います。
カドゥロ ネルケヨ
카드로 낼게요.

| 乗客に | ここはわたしの席だと思うんですが。
ヨギヌン チェ チャリイン ゴ カットゥンデヨ
여기는 제 자리인 것 같은데요. |

(後ろの人に)椅子を倒してもいいですか?
ウィジャ ティロ チョチョド テヨ
의자 뒤로 젖혀도 돼요?

◀ 機内アナウンス

シートベルトを着用してください。
アンジョンベルトゥルル メ ジュシブシオ
안전벨트를 매 주십시오.

座席にお戻りください。
チャリロ トラガ ジュシブシオ
자리로 돌아가 주십시오.

座席の背もたれを(テーブルを)元の位置にお戻しください。
チャソッ トゥンバジ テイブルル ウォンレ ウィチロ ヘ ジュシブシオ
좌석 등받이 (테이블을) 원래 위치로 해 주십시오.

TRAVEL

ホテル

空港・飛行機

空港⇌市内

市内の移動

その他

韓国語講座

アシアナ航空、大韓航空では、機内食を食べる際に申請すればチューブのコチュジャンを無料でもらえる

코레일공항철도 서울역·터미널
KORAIL Airport Railroad Seoul Station & Terminal

空港鉄道
完全シミュレーション

『空港鉄道』

空港鉄道A'REX。直通列車は仁川空港からソウル駅までノンストップ。40分程度で到着する。空港直結で時間も正確なので安心感がある。料金は1万4500Wだが、大韓航空・アシアナ航空・チェジュ航空利用者は航空券の半券提示で6900Wに割り引きが適用される。

切符購入

空港鉄道の乗り場はどこですか?
コンハンチョルド タヌン ゴスン オディエヨ
공항철도 타는 곳은 어디예요?

直通列車(一般列車)に乗りたいのですが。
チットンヨルチャ イルバンヨルチャ ルル タゴ シプンデヨ
직통열차 (일반열차)를 타고 싶은데요.

どちらまでですか?
オディカジイムニカ
어디까지입니까?

ソウル駅までです。
ソウルヨッカジヨ
서울역까지요.

インチョンコンハン	キムポコンハン	ホンデイブク
인천공항 仁川空港	김포공항 金浦空港	홍대입구 弘大入口

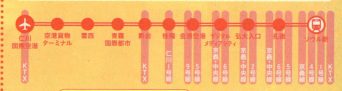

大人2枚です。
オルン ドゥ ジャン イヨ
어른 두 장 이요.

ハンジャン	セジャン
한장 1枚	세장 3枚

HOW TO 「券売機の使い方」

1 券売機を見つける
仁川空港↔ソウル駅の直通列車と、各駅に停まる一般列車は券売機が異なるので注意

チットンヨルチャ
직통열차 直通列車

イルバンヨルチャ
일반열차 一般列車

2 言語を選択
日本語もあるので安心して購入できる

3 時間・枚数を選ぶ
直近の列車の時間が表示されるので乗りたいものを選択

4 料金を払って切符を受け取る
乗車賃を払ってカード状の切符を受け取る

乗車

（切符を見せながら）この席はどこですか？
イ チャリヌン オディエヨ
이 자리는 어디예요?

ここは私の席だと思うんですが。
ヨギヌン チェ チャリイン ゴッ カットゥンデヨ
여기는 제 자리인 것 같은데요.

下車

切符を失くしました。
ピョルル イロボリョッソヨ
표를 잃어버렸어요.

ソウル駅には大型スーパーのロッテマートが隣接している。スーツケースを預けられるロッカーも完備

空港リムジンバス
完全シミュレーション

『空港リムジンバス』

空港↔ソウル市内の主な移動手段として空港リムジンバスが挙げられる。ソウル市内の各地に停留所があるため、目的地の近くまで行けるのがメリット。仁川空港から明洞までは約70分。料金は1万W〜。車内アナウンスは日本語もあるので安心だ。

チケット購入

明洞まで行きたいのですが。
ミョンドン カジ カゴ シブンデヨ
명동까지 가고 싶은데요.

空港から乗る際はチケット売り場で、空港に向かう際は、乗車時に料金を支払う

チョンノ	シンチョン	セジョンホテル
종로 鍾路	신촌 新村	세종호텔 世宗ホテル

ロッテホテル	シルラホテル
롯데호텔 ロッテホテル	신라호텔 新羅ホテル

大人2枚です。
オルン ドゥ ジャンイヨ
어른 두 장이요.

次のバスは何分後ですか？
タウム チャヌン ミョップン フ エヨ
다음 차는 몇 분 후예요?

☞ 指さしてもらおう

バロ オムニダ	オブン フ
바로 옵니다. すぐ来ます。	5분 후 5分後

シップン フ	シボプン フ
10분 후 10分後	15분 후 15分後

イシップン フ	サムシップン フ
20분 후 20分後	30분 후 30分後

チケット購入	○○ホテルまで行きたいのですが、どこで降りればいいですか？ ○ ○ ホ テ ル カ ジ カ ゴ シ プ ン デ オ ディ ソ ○○호텔까지 가고 싶은데 어디서 ネリミョン テヨ 내리면 돼요?
乗り場	スーツケースを預け、引換券を受け取る どちらまでですか？ オディカジョ 어디까지요? 明洞までです。 ミョンドンカジョ 명동까지요. チケット売り場で購入したチケットを運転手に渡す
乗車	明洞に着いたら教えてください。 ミョンドン エ　トチャカミョン アルリョ ジュセヨ 명동에 도착하면 알려 주세요. シートベルトをお締めください。 アンジョンベルトゥル メ ジュシギ パラムニダ 안전벨트를 매 주시기 바랍니다.
	◀ 車内アナウンス 今度の停留所は○○です。次の停留所は△△です。 イボン チョンニュジャンウン ○○イムニダ タウム チョンニュジャンウン △△イムニダ 이번 정류장은 ○○입니다. 다음 정류장은 △△입니다.
降車	（ボタンを押す） アナウンスは日本語もあり。2つ先までアナウンスされるので降り間違いに注意！ 荷物を降ろしてください。 チムル ネリョ ジュセヨ 짐을 내려 주세요. 荷物の引換券を運転手に渡す

AIRPORT LIMOUSINE BUS

乗車時に車内でもチケット購入可。アシアナ航空の航空券の半券を提示すると1000Wオフになる

TRAVEL / ホテル / 空港・飛行機 / 空港⇔市内 / 市内の移動 / その他 / 韓国語講座

地下鉄
完全シミュレーション

まずはT-moneyをゲット!

T-moneyとは、地下鉄やバスなどで利用可能なチャージ式の交通カード。タッチして使う。1枚持っておくと便利。

❶ まずはT-moneyをゲット!
駅の自動販売機、コンビニなどで購入可。2500W

❷ チャージする

券売機は日本語が選択可能。「交通カードのチャージ」を選択

T-moneyを置く場所が光るので、そこにセットする

チャージしたい金額を選び、お金を投入する

T-moneyチャージ

T-moneyのチャージはどこでできますか?
ティモニ チュンジョンハヌン ゴスン オディエヨ
티머니 충전하는 곳은 어디예요?

カードがエラーになりました。
カドゥガ エロガ ナヨ
카드가 에러가 나요.

カードが反応しません。
カドゥガ バヌンハジ アナヨ
카드가 반응하지 않아요.

おつりが出てきません。
チャンドニ アン ナワヨ
잔돈이 안 나와요.

お金は入れたんですけど。
トヌン ノオンヌンデヨ
돈은 넣었는데요.

SUBWAY

乗車前

時刻表を見せてください。
シガンピョルル ボヨ ジュセヨ
시간표를 보여 주세요.

路線図をください。
ノソンドルル ジュセヨ
노선도를 주세요.

この電車は明洞駅に停まりますか？
イ ヨルチャヌン ミョンドンヨゲ ソヨ
이 열차는 명동역에 서요?

どこで乗り換えればいいですか？
オディエソ カラタヤ ヘヨ
어디에서 갈아타야 해요?

明洞駅は何号線ですか？
ミョンドンヨグン ミョ ト ソニエヨ
명동역은 몇 호선이에요?

数字は
P.194

4号線です。
サホソニエヨ
4호선이에요.

 下車

芸術劇場は何番出口ですか？
イェスルクッジャンウン ミョッ ポン チュル グ エヨ
예술극장은 몇 번 출구예요?

乗り過ごしてしまいました。
どうしたらいいですか？
ネリル ゴスル チナチョッソヨ
내릴 곳을 지나쳤어요.
オットッケ ハミョン テヨ
어떻게 하면 돼요?

駅の表示の読み方 駅の表示が読めれば迷わずにすむ！

○○ヘン
○○행○○行き

チュルグ ナガヌン ゴッ
출구／나가는 곳 出口

タヌン ゴッ
타는 곳 乗り場

カラタヌン ゴッ
갈아타는 곳 乗り換え

明洞駅の地下ショッピング街には、K-POPアイドルの写真が印刷されたT-moneyカードが売っている

タクシー

完全シミュレーション

『韓国のタクシー』

韓国のタクシーは、日本よりも価格がリーズナブル。一般タクシーは基本料金が3000W、模範タクシーは5000Wだ（詳しくはP.184へ）。電車がない遅い時間の移動に便利。ただし、平日の夕方は帰宅ラッシュで道が混み合い、時間がかかるため避けたほうがベター。

タクシーを拾う

タクシー乗り場はどこですか？
テクシ タヌン ゴスン オディエヨ
택시 타는 곳은 어디예요?

タクシーを呼んでください。
テクシ チョム プルロ ジュセヨ
택시 좀 불러 주세요.

カードは使えますか？
カドゥ テヨ
카드 돼요?

乗り込む前に聞いておこう

大丈夫ですよ。／使えません。
ケンチャナヨ　　アンデヨ
괜찮아요. / 안돼요.

乗車

トランクを開けてください。
トゥロンク チョム ヨロ ジュセヨ
트렁크 좀 열어 주세요.

トランクに荷物を入れてください。
トゥロンクエ チムル ノオ ジュセヨ
트렁크에 짐을 넣어 주세요.

行き先

どちらまでですか？
オディカジヨ
어디까지요?

TAXI

行き先

世宗ホテルまで行ってください。
セジョンホテル カジ カ ジュセヨ
세종호텔까지 가 주세요.

ミョンドン	○○ヨッ ○ボン チュルグ
명동 明洞	○○역 ○번 출구 ○○駅の○番出口

○○エ チョンムン　　　　　○○エ イプク
○○의 정문 ○○の正門　○○의 입구 ○○の入口

イ カゲ　　　　　　　　　　　　　ヨギ
이 가게 (地図を見せながら)この店　여기 (地図を見せながら)ここ

どのくらいかかりますか？
オルマナ コルリョヨ
얼마나 걸려요?

15分くらいです。
シボブン チョンドヨ
15분 정도요.

シップン	イシップン	イシボブン	サムシップン
10분 10分	20분 20分	25분 25分	30분 30分

ハン シガン　　　　　ハン シガン パン
한 시간 1時間　　한 시간 반 1時間半

急いでください。
パルリ カ ジュセヨ
빨리 가 주세요.

⚠️ 要注意!
ボッタクリフレーズ

少なくなったが、ボッタクリタクシーが今もあるのが現状。右記のフレーズを言われたり、少しでも怪しいと思ったら車を降りよう。そのほかの注意点はP.184へ

深夜だから割増だよ。
シムヤラソ ハルチュン プドヨ
심야라서 할증 붙어요.

0時〜4時は料金が20％割増だが、莫大に高くなることはない

高速道路に乗るから割増だよ。
コソソ ドロエ トゥロガニカ ハルチュン プドヨ
고속 도로에 들어가니까 할증 붙어요.

江北から江南への移動の際に言われやすい。
実際は高速道路に乗る必要なし

TRAVEL / ホテル / 空港・飛行機 / 空港⇄市内 / 市内の移動 / その他 / 韓国語講座

韓国の車は日本と反対で左ハンドル。タクシーに乗るときは右側から乗り込むのが普通だ

乗車中

ゆっくり走ってください。
チョンチョニ カ ジュセヨ
천천히 가 주세요.

> メーターが止まりっぱなしだったら

メーターを動かしてください。
ミトギ キョ ジュセヨ
미터기 켜 주세요.

この辺で降ろしてください。
イ クンチョエソ ネリョ ジュセヨ
이 근처에서 내려 주세요.

イボン シノエソ	イ コンムル アペソ
이번 신호에서 次の信号で	이 건물 앞에서 その建物の前で

チョ カゲ アペソ
저 가게 앞에서 あの店の前で

セウギ シウン ゴセソ
세우기 쉬운 곳에서 停めやすいところで

5000Wです。
オチョヌォニムニダ
5000원입니다.

カードで(T-moneyで)払います。
カドゥロ ティモニロ ネルケヨ
카드로 (티머니로) 낼게요.

領収書をください。
ヨンスジュン ジュセヨ
영수증 주세요.

メーターと料金が違うみたいです。
ミトギラン ヨグミ タルン ゴッ カッタヨ
미터기랑 요금이 다른 것 같아요.

おつりが違います。
コスルム トニ トゥルリョヨ
거스름돈이 틀려요.

182

韓国タクシーあるあるフレーズ

\キサニム（運転手さん）と仲良しに/

あるある

話し好きの運転手さん（キサニム／기사님）も多い。韓国語で会話して盛り上がろう！

どちらから来られたんですか？
オディエソ オションナヨ
어디에서 오셨나요?

日本の東京から来ました。
イルボン トキョエソ ワッソヨ
일본 도쿄에서 왔어요.

韓国には何をしに来たんですか？
ハングゲヌン モ ハロ ワッソヨ
한국에는 뭐 하러 왔어요?

これから何するんですか？
チグムブト モ ヘヨ
지금부터 뭐 해요?

旅行で来ました。
クニャン ヨヘンウロ ワッソヨ
그냥 여행으로 왔어요.

景福宮の観光をします。
キョンボックンウル クァングァンハル コエヨ
경복궁을 관광할 거예요.

チングルル マンナロ　친구를 만나러　友達に会いに
コンソトゥ ボロ　콘서트 보러　コンサートを見に
マシンヌン ゴ モッコ シポソ　맛있는 거 먹고 싶어서　おいしいものが食べたくて

コギ モグロ ガヨ
고기 먹으러 가요.
焼き肉を食べに行きます。

チングラン マンナル コエヨ
친구랑 만날 거예요.
友達と会います。

コンソトゥ カヨ
콘서트 가요.
コンサートに行きます。

ホテル カソ ジャヨ
호텔 가서 자요.
ホテルに帰って寝ます。

キサニムが知っている日本語披露

うわ、上手ですね！
ウワ チャラシネヨ
우와, 잘하시네요!

息子が日本で働いています。
アドゥリ イルボネソ イラゴ イッソヨ
아들이 일본에서 일하고 있어요.

あいづちフレーズ

あ〜、そうなんですか〜！
ア クロックンニョ
아〜, 그렇군요〜!

※「うわ！」は韓国語でも「ウワ！」。日本は「ワ」にアクセントをおくが、韓国語は「ウ」にアクセントをおく

読めば快晴
ハレ旅 Study
タクシーを乗りこなそう

知っておきたいタクシーのあれこれ

韓国のタクシーは、日本に比べて運賃が安い。そのため、移動する際の選択肢として気軽に選べるのがよいところ。ただし、夕方のラッシュの渋滞や、未だにボッタクリのリスクもあるのは事実。タクシーの種類や選び方を押さえておけば、トラブル防止にもつながるかも。

タクシーの種類

一般タクシー
個人タクシーが多い。台数が多く、模範タクシーよりも安価。サービスの質は年々向上している。シルバーの車体が多いが、それ以外の色もある

インターナショナルタクシー
外国人向けのタクシー。オレンジ色の車体が目印。コールセンター、運転手ともに日本語が可能。料金は一般タクシーと同じ

模範タクシー
黒塗りの車体に、金色で「Deluxe Taxi」と書かれているのが目印。一般タクシーに比べると割高だがボッタクリの心配がない。台数が少なめ

ジャンボタクシー
8人乗りのワゴン車。車体の色は特に決まっていない。台数は少ないが、予約をすれば1日貸し切ることも可能。価格は模範タクシーと同じ

タクシーの料金

支払い方法は現金、カード、T-money。カードは導入が進んでいるが、対応していないタクシーもあるので乗車時に確認を

	一般タクシー	模範タクシー
基本料金	3000W	5000W
追加料金 (距離)	100W/142m	200W/164m
追加料金 (時間)	100W/35秒	200W/39秒

タクシーの利用方法

1

乗車アピール
日本のように手を上に上げずに、横に伸ばして乗車意志を示す

2

目的地を告げる
口頭だけだと聞き間違いのリスクがあるので、文字を見せて伝えよう

▼

3

支払い
メーターで料金を確認して支払う。車のナンバーを控えておくのも手

4

ドアを開けて降りる
自動ドアではないので、自分で開けて降りる。締め忘れに注意を

タクシーの POINT

安全なのは黒とオレンジ
黒の車体に「Deluxe Taxi」と書かれた模範タクシー、オレンジのインターナショナルタクシーは、運転手が給料制のため、ボッタクリの心配が少ない。色を目印にすると分かりやすい。ただし、一般タクシーで黒色の車体もあるので注意が必要

流しのタクシーを拾う
車を停めて、運転手から声をかけてくるような場合は要注意。特に日本語がペラペラで、話術を駆使してくる場合は断ったほうが安全といえる。なるべく道を走っているタクシーを止めるのがおすすめ

大きなホテルの前で降りる
料金のトラブルは自力で解決するのが難しいうえ、リスクも高い。そんなときは、目的地の近くにある大きなホテルに停まるように指示するのがベター。ベルボーイがいれば、助けを求められるので、安全性が少しアップする

安全・安心な タクシー移動を！

夜遅い時間に、江南と江北をタクシーで移動すると支払いのトラブルになりやすいので避けたほうがよい

両替所

完全シミュレーション

『両替所』

円からウォンの両替は、場所によってレートが異なる。レートのよさは街なかの公営両替所＞銀行＞空港の両替所（銀行が運営）＞ホテル。空港では最低限の両替をして、残りは街中の公営両替所でするのが賢明。公営両替所は明洞や東大門など、観光客の多いエリアにある。

来店

両替所はどこですか？
ファンジョンソガ オディエヨ
환전소가 어디예요?

(お金を渡して)ウォンに替えてください。
ウォヌロ パックォ ジュセヨ
원으로 바꿔 주세요.

(お金を渡して)円に替えてください。
エヌロ パックォ ジュセヨ
엔으로 바꿔 주세요.

1万W(1000W)札に替えてください。
マ ヌォンチョヌォン チャリロ パックォ ジュセヨ
만 원(1000원)짜리로 바꿔 주세요.

小銭も混ぜてください。
トンジョンド ソッコ ジュセヨ
동전도 섞어 주세요.

計算書をください。
ケサンソ ジュセヨ
계산서 주세요.

計算が間違っているみたいです。
ケ サ ニ トゥルリヌン ゴッ カットゥンデヨ
계산이 틀리는 것 같은데요.

How to

ATMの使い方

日本のクレジットカードを使って、韓国のATMから現金を引き出すことが可能。ATMの使い方をご紹介。

❶ ATMを探す

ATMで写真のマークが入っていれば使用できる。銀行や、ショッピングモールなどに設置されている

> **事前にPIN（暗証番号）をチェック**
>
> ATMから現金を引き出すときは、日本でカード決済の際に入力する4ケタのPINが必要なので、不明な場合は問い合わせを

❷ カードを挿入

挿入口にカードを入れる。言語を選択できる場合はOther Languageで「日本語」を選択する

❻ 金額を入力し、現金を引き出す

希望の金額を選ぶ。金額を指定したい場合は直接金額を入力。出てきたお札を受け取る

※ATMの操作手順は機種によって異なります

❸ 取引を選択

「外国媒体」を選択。誤って国内媒体を選んでしまった場合は最初からやり直す

❹ 「キャッシュサービス」を選択

取引方法の選択画面で「キャッシュサービス」を選択。選択すると次の画面に切り替わる

> 日本語表示がない場合でも、英語表示はあるので、下記を参考にしながら操作しよう

口座	ACCOUNT
金額	AMOUNT
訂正	CLEAR
支払い	DISPENSE
預金	SAVINGS
取引	TRANSACTION
振り込み	TRANSFER
引き出し	WITHDRAWAL

❺ 暗証番号「PIN」を入力

暗証番号「PIN」は日本でカード決済に入力するものと同じ4ケタの数字

TRAVEL

ホテル

空港・飛行機

空港⇔市内

市内の移動

その他

韓国語講座

明洞エリアは観光客が多く、両替所も多く存在している。レートはどこもだいたい一緒になっている

郵便局
完全シミュレーション

『韓国から荷物を送る』

ショッピングなどで荷物が増えすぎてしまったときは、韓国から日本に荷物を送るのがおすすめ。郵便局をはじめ、ホテルなどでも発送をしてくれる場合がある。最も早いのはEMS（国際スピード郵便）で、発送から2〜3日程度で到着する。料金は重量に応じている。

受付

これをEMSで日本に送りたいのですが。
イゴル イエムエスロ イルボネ ボネゴ シプンデヨ
이걸 EMS로 일본에 보내고 싶은데요.

クッジェソポロ
국제소포로　国際小包で
ハンゴンピョヌロ
항공편으로　航空便で
ペピョヌロ
배편으로　船便で

この伝票に記入してください。
イ チョンピョルル キイペ ジュセヨ
이 전표를 기입해 주세요.

箱をもらえますか？
バクスルル ジュシゲッソヨ
박스를 주시겠어요?

どのサイズがいいですか？
オヌ サイジュガ チョアヨ
어느 사이즈가 좋아요?

○号をください。
ジュセヨ
○호 주세요.

見本があるので確認して

イロ　　イホ　　サモ　　サホ　　オホ　　ユッコ
1호 1号　2호 2号　3호 3号　4호 4号　5호 5号　6호 6号

188

伝票の書き方

宛先は日本語でOK

❶送り主の情報。英語で記入する。住所は滞在先のホテルの住所か❷届け先の住所。都市と国名以外は日本語でOK ❸品目名、個数、重量、金額を記入。冒頭に「別送品(Unaccompanied Baggage)」と記入 ❹複数ある場合は個数を記入する ❺サイン。日本語でOK

提出

中身は何ですか?
ネヨンムリ モムニカ
내용물이 뭡니까?

 おみやげです。
ソンムリエヨ
선물이에요.

シディエヨ CD예요 CDです	シップミエヨ 식품이에요 食品です
オシエヨ 옷이에요 服です	ファジャンプミエヨ 화장품이에요 化粧品です

2万Wです。
イマ イマヌォニムニダ
2만 원입니다.

日本に何日くらいで着きますか?
イルボネ ミョチル チョンドミョン トチャケヨ
일본에 며칠 정도면 도착해요?

2、3日です。
イサミリエヨ
2,3일이에요.

サオイリエヨ
4,5일이에요 4、5日です

イルチュイル チョンドエヨ
1주일 정도예요 1週間くらいです

イチュ イサンイエヨ
2주 이상이에요 2週間以上です

荷物を送った際は、帰りの機内で配布される「携帯品・別送品申告書」へ記入をし、日本で税関検査官に提出

Wi-Fiレンタル

『Wi-Fiレンタル』

韓国でもインターネットを利用したいなら、Wi-Fiルーターをレンタルしよう。金浦空港、仁川空港にはWi-Fiレンタルのカウンターがあり、接続すれば快適にネットが利用可。週末は受け取りの待ち時間が長いので、時間に余裕をみておこう。

完全シミュレーション

Wi-Fiレンタルお願いします。
ワイパイ ビルリゴ シプンデヨ
Wi-Fi 빌리고 싶은데요.

パスポートとクレジットカードを提示してください。
ヨグォニラン シニョンカドゥルル ジェシヘ ジュセヨ
여권이랑 신용카드를 제시해 주세요.

こちらに記入をお願いします。
ヨギエ キイペ ジュセヨ
여기에 기입해 주세요.

返却は何日ですか？
バンナブン ミョチリム ニカ
반납은 며칠입니까

○日です。
○ イリエヨ
○ 일이에요. 日付けは P.194

返却はこのカウンターでお願いします。
バンナブ シヌン イ カウントロ オセヨ
반납 시는 이 카운터로 오세요.

料金は後払いです。
ヨグムン フブリムニダ
요금은 후불입니다.

こちらにサインしてください。
여기에 서명하세요.

接続チェックをしてみてください。
연결 확인해 보세요.

接続できました。
연결되었어요.

いらっしゃいませ。
어서 오세요.

Wi-Fiを返却します。
Wi-Fi 반납할게요.

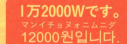

1万2000Wです。
12000원입니다.

現金でも大丈夫ですか?
현금도 괜찮은가요?

カードのみです。／大丈夫です。
카드만 가능합니다.
／괜찮습니다.

領収書です。
영수증입니다.

Wi-Fiレンタルのカウンターでは、日本語が話せるスタッフもいる。英語は確実に通じることが多い

ハングルの作りを知ろう

韓国語講座

韓国で使われる文字を「ハングル/한글」という。母音と子音の組み合わせからなるので、規則性を覚えれば読み書きが可能。自分の名前を書いてみるところからスタートしよう。

母音＋子音の組み合わせは4タイプ

複雑に見えるハングルの母音と子音の組み合わせは実は4種類。①から順に発音する

| ①子音 \| ②母音 | ①子音 / ②母音 | ①子音 \| ②母音 / ③子音 | ①子音 / ②母音 / ③子音 |

k→가←a　　n→노←o　　s→산←a,n　　o→볼←b,l
　カ　　　　　ノ　　　　　サン　　　　　ボル

自分の名前を書いてみよう

いとう	이토 (イト)	たなか	다나카 (タナカ)
いのうえ	이노우에 (イノウエ)	なかむら	나카무라 (ナカムラ)
かとう	가토 (カト)	まつもと	마쓰모토 (マスモト)
こばやし	고바야시 (コバヤシ)	やまぐち	야마다 (ヤマダ)
ささき	사사키 (ササキ)	やまだ	사사키 (ササキ)
さとう	사토 (サト)	やまもと	야마모토 (ヤマモト)
すずき	스즈키 (スジュキ)	よしだ	요시다 (ヨシダ)
たかはし	다카하시 (タカハシ)	わたなべ	와타나베 (ワタナベ)

母音 子音	ㅏ a	ㅑ ya	ㅓ eo	ㅕ ye	ㅗ o	ㅛ yo	ㅜ u	ㅠ yu	ㅡ eu	ㅣ i
ㄱ k,g	カ 가	キャ 갸	コ 거	キョ 겨	コ 고	キョ 교	ク 구	キュ 규	ク 그	キ 기
ㄴ n	ナ 나	ニャ 냐	ノ 너	ニョ 녀	ノ 노	ニョ 뇨	ヌ 누	ニュ 뉴	ヌ 느	ニ 니
ㄷ t,d	タ 다	(ティャ) (댜)	ド 더	(ティョ) (뎌)	ト 도	(ティョ) (됴)	トゥ 두	テュ 듀	トゥ 드	ティ 디
ㄹ r,l	ラ 라	リャ 랴	ロ 러	リョ 려	ロ 로	リョ 료	ル 루	リュ 류	ル 르	リ 리
ㅁ m	マ 마	ミャ 먀	モ 머	ミョ 며	モ 모	ミョ 묘	ム 무	ミュ 뮤	ム 므	ミ 미
ㅂ p,b	バ 바	ビャ 뱌	ボ 버	ビョ 벼	ボ 보	ビョ 뵤	ブ 부	ビュ 뷰	ブ 브	ビ 비
ㅅ s	サ 사	シャ 샤	ソ 서	ショ 셔	ソ 소	ショ 쇼	ス 수	シュ 슈	ス 스	シ 시
ㅇ n	ア 아	ヤ 야	オ 어	ヨ 여	オ 오	ヨ 요	ウ 우	ユ 유	ウ 으	イ 이
ㅈ ch,j	ジャ 자	ジャ 쟈	ジョ 저	ジョ 져	ジョ 조	(ジョ) (죠)	ジュ 주	ジュ 쥬	ジュ 즈	ジ 지
ㅊ ch	チャ 차	チャ 챠	チョ 처	チョ 쳐	チョ 초	(チョ) (쵸)	チュ 추	チュ 츄	チュ 츠	チ 치
ㅋ k	カ 카	キャ 캬	コ 커	キョ 켜	コ 코	キョ 쿄	ク 쿠	キュ 큐	ク 크	キ 키
ㅌ t	タ 타	(ティャ) (탸)	ト 터	(ティョ) (텨)	ト 토	(ティョ) (툐)	トゥ 투	テュ 튜	トゥ 트	ティ 티
ㅍ p	パ 파	ピャ 퍄	ポ 퍼	ピョ 펴	ポ 포	ピョ 표	プ 푸	ピュ 퓨	プ 프	ピ 피
ㅎ h	ハ 하	ヒャ 햐	ホ 허	ヒョ 혀	ホ 호	ヒョ 효	フ 후	ヒュ 휴	フ 흐	ヒ 히
ㄲ kk	カ 까	キャ 꺄	コ 꺼	キョ 껴	コ 꼬	キョ 꾜	ク 꾸	キュ 뀨	ク 끄	キ 끼
ㄸ tt	タ 따	(ティャ) (땨)	ト 떠	(ティョ) (뗘)	ト 또	(ティョ) (뚀)	トゥ 뚜	(テュ) (뜌)	トゥ 뜨	ティ 띠
ㅃ pp	パ 빠	ピャ (뺘)	ポ 뻐	ピョ (뼈)	ポ 뽀	ピョ (뾰)	プ 뿌	ピュ (쀼)	ブ 쁘	ピ 삐
ㅆ ss	サ 싸	シャ (쌰)	ショ 써	ショ 쎠	ソ 쏘	(ショ) (쑈)	ス 쑤	(シュ) (쓔)	ス 쓰	シ 씨
ㅉ cch	チャ 짜	チャ (쨔)	チョ 쩌	チョ (쪄)	チョ 쪼	(チョ) (쬬)	チュ 쭈	(チュ) (쮸)	ツ 쯔	チ 찌

ㅋ、ㅌ、ㅍ、ㅊは「激音(げきおん)」といい、強めに発音する。ㄲ、ㄸ、ㅃ、ㅆ、ㅉは、「濃音(のうおん)」といい、前に「ッ」が付くイメージで発音する

複合母音　基本の母音は10個。それに加えて複合母音が11種類ある

ㅐ æ	ㅒ yæ	ㅔ e	ㅖ ye	ㅘ wa	ㅙ wæ	ㅚ we	ㅝ weo	ㅞ we	ㅟ wi	ㅢ ui

ㅐとㅔはどちらも「エ」と発音する母音だが、韓国人でも正確に区別して発音している人は少ないのだそう

TRAVEL

ホテル

空港・飛行機

空港⇔市内

市内の移動

その他

韓国語講座

数字・固有数詞・曜日

韓国語講座

買物で値段を聞くとき、お店で人数を伝えるとき、年齢や誕生日を伝えるときなど、数字は不可欠。数に関する2タイプの言葉を押さえよう。

値段や日付に使う数詞
値段や日付、身長などのサイズに使う数字は漢数詞という

6月15日に予約したいのですが。
ユウォル シボ イレ イェヤッカゴ シプンデヨ
6월 15일에 예약하고 싶은데요.

502号室の佐藤です。
オベギ ホ シレ サトイムニダ
502호실의 사토입니다.

3000Wです。
サムチョ ヌォニムニダ
3천 원입니다.

0 영/공 ヨン/コン	9 구 ク	18 십팔 シプパル	27 이십칠 イシプチル
1 일 イル	10 십 シプ	19 십구 シプク	28 이십팔 イシプパル
2 이 イ	11 십일 シビル	20 이십 イシプ	29 이십구 イシプク
3 삼 サム	12 십이 シビ	21 이십일 イシビル	30 삼십 サムシプ
4 사 サ	13 십삼 シプサム	22 이십이 イシビ	31 삼십일 サムシビル
5 오 オ	14 십사 シプサ	23 이십삼 イシプサム	100 백 ペッ
6 육 ユッ	15 십오 シボ	24 이십사 イシプサ	1000 천 チョン
7 칠 チル	16 십육 シムニュッ	25 이십오 イシボ	10000 만 マン
8 팔 パル	17 십칠 シプチル	26 이십육 イシムニュッ	

人数や年齢を伝える数詞

人数や年齢、個数を伝えるときは、日本語の「ひとつ、ふたつ」と同じように固有数詞を使う。時間についてはP.197へ

2人です。
ドゥ ミョン イ エヨ
두 명이에요.

5つください。
タソッケ ジュセヨ
다섯 개 주세요.

28歳です。
スムルヨドル サ リ エヨ
스물여덟 살이에요.

ハナ 1 하나	ヨルハナ 11 열하나	スムルハナ 21 스물하나	マフン 40 마흔
トゥル 2 둘	ヨルドゥル 12 열둘	スムルドゥル 22 스물둘	スィン 50 쉰
セッ 3 셋	ヨルセッ 13 열셋	スムルセッ 23 스물셋	イェスン 60 예순
ネッ 4 넷	ヨルネッ 14 열넷	スムルネッ 24 스물넷	イルン 70 일흔
タソッ 5 다섯	ヨルタソッ 15 열다섯	スムルタソッ 25 스물다섯	ヨドゥン 80 여든
ヨソッ 6 여섯	ヨルヨソッ 16 열여섯	スムルヨソッ 26 스물여섯	アフン 90 아흔
イルゴプ 7 일곱	ヨルイルゴプ 17 열일곱	スムルイルゴプ 27 스물일곱	ペッ 100 백
ヨドル 8 여덟	ヨルヨドル 18 열여덟	スムルヨドル 28 스물여덟	
アホプ 9 아홉	ヨルアホプ 19 열아홉	スムルアホプ 29 스물아홉	
ヨル 10 열	スムル 20 스물	ソルン 30 서른	

曜日

月曜日に予約したいのですが。
ウォリョイ レ イェヤッカゴ シプンデヨ
월요일에 예약하고 싶은데요.

月曜日	火曜日	水曜日	木曜日	金曜日	土曜日	日曜日
ウォリョイル	ファヨイル	スヨイル	モギョイル	クミョイル	トヨイル	イリョイル
월요일	화요일	수요일	목요일	금요일	토요일	일요일

何曜日かを尋ねるときには「何曜日ですか？（ムスニョイリエヨ／무슨 요일이에요？）」となる

韓国語講座 季節・月・時間

レストランやエステで予約をする際に必要になるのが、日付と時間。
時間に関する単語もあわせてチェックしてみよう。

四季

韓国にも四季がある。ドラマのタイトルや曲のタイトルに使われることが多い

春	夏	秋	冬
ポム	ヨルム	カウル	キョウル
봄	여름	가을	겨울

月

月も日付も P.194 の漢数詞を用いる。「〜月」までセットで覚えておこう

3月21日に予約したいのですが。
サムォル イシビリル レ イェヤッカゴ シブンデヨ
3월 21일에 예약하고 싶은데요.

わたしの誕生日は4月3日です。
ネ センイルン サウォル サミ リエヨ
내 생일은 4월 3일이에요.

1月	イロル 일월	2月	イウォル 이월	3月	サムォル 삼월	4月	サウォル 사월
5月	オウォル 오월	6月	ユウォル 유월	7月	チロル 칠월	8月	パロル 팔월
9月	クウォル 구월	10月	シウォル 시월	11月	シビロル 십일월	12月	シビウォル 십이월

時期

来週火曜日に日本に帰ります。
タウム チュ ファヨイレ イルボヌロ トラガル コエヨ
다음 주 화요일에 일본으로 돌아갈 거예요.

おととい	昨日	今日	明日	あさって
クジョッケ	オジェ	オヌル	ネイル	モレ
그저께	어제	오늘	내일	모레

先週	今週	来週
チナンチュ	イボン チュ	タウム チュ
지난주	이번 주	다음 주

時間

時間は「〜時」は固有数詞、「〜分／〜秒」は漢数詞。24時間ではなく、午前・午後を付けて12時間で表現することが多い

10時半から予約したいのですが。
ヨルシ パンブト イェヤッカゴ シプンデヨ
10시 반부터 예약하고 싶은데요.

午前9時15分の飛行機に乗ります。
オジョン アホプ シ シボプン ビエンギ タル コエヨ
오전 9시 15분 비행기 탈 거예요.

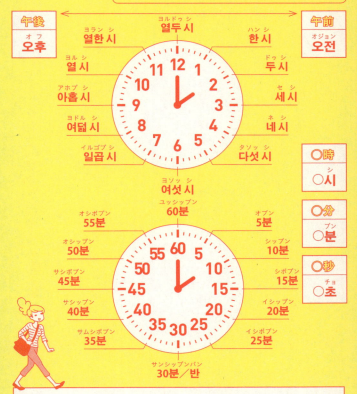

午後				午前
オフ	ヨランシ	ヨルドゥシ	ハンシ	オジョン
오후	열한 시	열두 시	한 시	오전

ヨルシ 열 시
アホプシ 아홉 시
ヨドルシ 여덟 시
イルゴプシ 일곱 시
ヨソッシ 여섯 시
タソッシ 다섯 시
ネシ 네 시
セシ 세 시
ドゥシ 두 시

○時 / シ ○시

ユッシプブン 60분
オシボブン 55분
オシプブン 50분
サシボブン 45분
サシプブン 40분
サムシプブン 35분
サンシプブンパン 30분／반
イシボブン 25분
イシプブン 20분
シボブン 15분
シプブン 10분
オブン 5분

○分 / ブン ○분
○秒 / チョ ○초

	ヤッソッシガン		ケジョムシガン		ペジョムシガン
待ち合わせ時間	약속시간	開店時間	개점시간	閉店時間	폐점시간

○時間	シガン ○시간	○分間	ブンガン ○분간	○秒間	チョガン ○초간	○時過ぎ	シノモ ○시 넘어

○分前	ブンジョン ○분 전	○分後	ブヌ ○분 후	○時頃	シジョンド ○시 정도	○時ちょうど	シジョンガッ ○시 정각

時間を尋ねるときは「何時ですか？（ミョッシエヨ／몇시예요？）」という

日 ➡ 韓 単語帳

旅行のときに役立つ韓国語単語をご紹介！
会話の際に入れ替えたり、指さして示したり、目的に合わせて活用して。

あ
愛
サラン
사랑

会う
マンナダ
만나다

青
パランセッ
파랑색

赤
パルガンセッ
빨강색

アカスリ
テミリ
때밀이

秋
カウル
가을

揚げる
ティギダ
튀기다

あさって
モレ
모레

足
パル／タリ
발／다리

明日
ネイル
내일

預かる
ポグァナダ
보관하다

温かい
ッタットゥッタダ
따뜻하다

頭
モリ
머리

熱い
トゥゴプタ
뜨겁다

あっち
チョッチョッ
저쪽

後払い
フブル
후불

あなた
タンシン
당신

油
キルム
기름

甘い
タルダ
달다

歩く
コッタ
걷다

あれ
チョゴッ
저것

案内する
アンネハダ
안내하다

い
家
チブ
집

行く
カダ
가다

いくら
オルマ
얼마

椅子
ウィジャ
의자

痛い
アプダ
아프다

炒める
ポッカ
볶다

イチゴ
タルギ
딸기

一日
ハル
하루

一番
チェイル
제일

一緒に
ハムケ
함께

いない／ない
オプタ
없다

嫌だ
シルタ
싫다

イヤリング
クィゴリ
귀걸이

いらない
ピリョ オプタ
필요 없다

198

いる／ある	イッタ	있다
入口	イプク	입구
入れる	ノッタ	넣다
ウォン	ウォン	원
牛	ソ	소
(味が)薄い	シンゴプタ	싱겁다
(厚さが)薄い	ヤルタ	얇다
うつぶせになる	オプトゥリダ	엎드리다
器	クルッ	그릇
梅	メシル	매실
占い	サジュ	사주
うるさい	シックロプタ	시끄럽다
運転手さん	キサニム	기사님
映画	ヨンファ	영화
営業	ヨンオプ	영업
駅	ヨッ	역
エゴマの葉	ケンニプ	깻잎
エステ	エステ	에스테
エプロン	アプチマ	앞치마
おいしい	マシッタ	맛있다
大きい	クダ	크다
オーダーメイド	マッチュム	맞춤
お粥	チュッ	죽
置く	トゥダ	두다
遅れる	ヌッタ	늦다
起こす	ケウダ	깨우다
おじさん	アジョシ	아저씨
おしぼり	ムルスゴン	물수건

おすすめ	チュチョン	추천
夫	ナムピョン	남편
おつまみ	アンジュ	안주
おつり	コスルムトン	거스름돈
おととい	クジョッケ	그저께
大人	オルン	어른
同じだ	カッタ	같다
お兄さん(男性から／女性から)	ヒョン／オッパ	형／오빠
お姉さん(男性から／女性から)	ヌナ／オンニ	누나／언니
お願いする	ブタカダ	부탁하다
おばさん	イモ／アジュンマ	이모／아줌마
五味子	オミジャ	오미자
降りる	ネリダ	내리다
女湯	ヨタン	여탕

か

会計 ケサン 계산	紙袋 チョンイボントゥ 종이봉투	喫煙室 フビョンシル 흡연실
買う サダ 사다	辛い メプタ 맵다	切符 ピョ 표
替える パックダ 바꾸다	カリン モグァ 모과	昨日 オジェ 어제
顔 オルグル 얼굴	かわいい キヨプタ 귀엽다	基本 キボン 기본
カカオトーク カトッ 카톡	考える センガッカダ 생각하다	キムチ キムチ 김치
かかと パルティクムチ 발뒤꿈치	観光 クァングァン 관광	決める キョルチョンハダ 결정하다
鍵 ヨルセ 열쇠	感謝 カムサ 감사	キャベツ ヤンベチュ 양배추
菓子 クァジャ 과자	乾燥 コンジョ 건조	キュウリ オイ 오이
加湿器 カスプキ 가습기	韓定食 ハンジョンシッ 한정식	今日 オヌル 오늘
風邪 カムギ 감기	感動する カムドンハダ 감동하다	切る ソルダ 썰다
肩 オッケ 어깨	乾杯 コンベ 건배	きれい イェップダ 예쁘다
かっこいい モシッタ 멋있다	韓方 ハンバン 한방	気をつける チョシマダ 조심하다
下半身 ハバンシン 하반신	黄色 ノランセッ 노란색	禁煙室 クミョンシル 금연실
カボチャ ホバッ 호박	貴重品 キジュンプム 귀중품	銀行 ウネン 은행

き

200

く
空港	航空便	ご飯
コンハン	ハンゴンピョン	パプ
공항	항공편	밥

薬	紅茶	ごま油
ヤッ	ホンチャ	チャムギルム
약	홍차	참기름

果物	こうやって	ゴミ
クァイル	イロッケ	スレギ
과일	이렇게	쓰레기

暮らす	古宮	これ
サルダ	コグン	イゴッ
살다	고궁	이것

来る	国際小包	紺
オダ	クッチェソポ	ナムセッ
오다	국제소포	남색

クレジットカード	ここ	さ サインする
シニョンカドゥ	ヨギ	ソミョンハダ
신용카드	여기	서명하다

くれる	午後	魚
チュダ	オフ	センソン
주다	오후	생선

黒	腰	ザクロ
コムジョンセッ	ホリ	ソンニュ
검정색	허리	석류

け 化粧品 | 個室 | 酒
ファジャンプム | トッシル | スル
화장품 | 독실 | 술

結婚 | コショウ | 下げる
キョロン | フチュ | チウダ
결혼 | 후추 | 치우다

現金 | 午前 | 差し上げる
ヒョングム | オジョン | トゥリダ
현금 | 오전 | 드리다

こ 更衣室 | こっち | 刺し身
タリシル | イッチョッ | フェ
탈의실 | 이쪽 | 회

公演 | 子ども | 雑貨
コンヨン | オリニ／アイ | チャプファ
공연 | 어린이／아이 | 잡화

効果 | この | 雑誌
ヒョグァ | イ | チャプチ
효과 | 이 | 잡지

サッパリする シウォナダ 시원하다	しばらく チャムシ 잠시	申告書 シンゴソ 신고서
サツマイモ コグマ 고구마	写真 サジン 사진	新聞 シンムン 신문
砂糖 ソルタン 설탕	住所 ジュソ 주소	スイカ スバッ 수박
寒い チュプタ 춥다	充電器 チュンジョンギ 충전기	スープ クッ/スプ 국/스프
参鶏湯 サムゲタン 삼계탕	出演する チュリョナダ 出演하다	スカート チマ 치마
皿 チョプシ 접시	出発 チュルバル 출발	好きだ チョアハダ 좋아하다
触る マンジダ 만지다	種類 チョンリュ 종류	頭痛 トゥトン 두통
塩 ソグム 소금	消化 ソファ 소화	酸っぱい シダ 시다
塩辛 チョッカル 젓갈	ショウガ センガン 생강	捨てる ポリダ 버리다
時間 シガン 시간	焼酎 ソジュ 소주	スプーン スッカラッ 숟가락
時刻表 シガンピョ 시간표	上半身 サンバンシン 상반신	ズボン パジ 바지
刺繍 チャス 자수	食堂 シッタン 식당	する ハダ 하다
静かだ チョヨンハダ 조용하다	白 ヒンセッ 흰색	座る アンタ 앉다
下着 ソゴッ 속옷	信号 シノ 신호	税関 セグァン 세관

青磁 チョンジャ 청자	大丈夫だ ケンチャンタ 괜찮다	チャージする チュンジョナダ 충전하다
席 チャリ／チャソッ 자리／좌석	高い ピッサダ(値段)／ノプタ(高さ) 비싸다／높다	茶色 カルセッ 갈색
接続 ヨンギョル 연결	たくさん マニ 많이	中国 チュングッ 중국
全身 チョンシン 전신	タクシー テッシ 택시	昼食 チョムシム 점심
専門店 チョンムンジョム 전문점	食べる モッタ 먹다	注文 チュムン 주문
掃除 チョンソ 청소	タマネギ ヤンパ 양파	超過 チョグァ 초과
そうだ クロッタ 그렇다	タラ テグ 대구	朝食 アチム シッサ 아침 식사
そっち クッチョッ 그쪽	誕生日 センイル 생일	追加 チュガ 추가
袖 ソメ 소매	小さい チャッタ 작다	通路側 トンノチョッ 통로쪽
それ クゴッ 그것	チェックアウト チェクアウッ 체크아웃	使う スダ 쓰다
そんなに ビョルロ 별로	チェックイン チェクイン 체크인	疲れる ピゴナダ 피곤하다
大根 ム 무	近い カッカブタ 가깝다	次 タウム 다음
滞在 チェリュ 체류	違う タルダ 다르다	着く トチャカダ 도착하다
体重 モムムゲ 몸무게	茶 チャ 차	机 チェッサン 책상

点ける キョダ 켜다	電気 チョンギ 전기	長い キルダ 길다
妻 アネ 아내	電車 ヨルチャ 열차	長袖 キンソメ 긴소매
爪 ソントプ 손톱	伝統 チョントン 전통	失くす イロボリダ 잃어버리다
冷たい チャガプタ 차갑다	展望台 チョンマンデ 전망대	梨 ペ 배
強い セダ 세다	トイレ ファジャンシル 화장실	夏 ヨルム 여름
手 ソン 손	唐辛子 コチュ 고추	ナツメ テチュ 대추
ティッシュ ティシュ/ヒュジ 티슈 / 휴지	搭乗 タプスン 탑승	何 モ 뭐
停留所 チョンニュジャン 정류장	豆腐 トゥブ 두부	鍋 チゲ 찌개
出口 チュルグ 출구	トウモロコシ オッスス 옥수수	生の セン 생
手帳 スチョプ 수첩	どこ オディ 어디	成る テダ 되다
鉄道 チョルド 철도	とても ノム 너무	何時 ミョッシ 몇 시
鉄板 チョルパン 철판	取り皿 アプチョプシ 앞접시	何名 ミョップン 몇 분
出前 ペダル 배달	撮る チッタ 찍다	苦い スダ 쓰다
テレビ テルレビジョン 텔레비전	どんな オットン 어떤	ニキビ ヨドゥルム 여드름